AF276823

Constitución Española y Ley Orgánica del Tribunal Constitucional

Lefebvre

Las notas a pie de página corresponden a las obras "Constitución Española comentada con jurisprudencia sistematizada y concordada" y "Ley Orgánica del Tribunal Constitucional comentada con jurisprudencia sistematizada y concordada", cuyo autor es D. Manuel Pulido Quecedo.

Decimotercera Edición: Julio de 2025

ISBN: 979-13-87732-18-9
Depósito legal: M-14780-2025
PVP: 7,18 € (IVA incluido)
Imprime: Printing'94

© Lefebvre-El Derecho, S.A.
CIF: A79216651
Monasterios de Suso y Yuso, 34.28049 Madrid. Tfno.: 91 210 80 00
clientes@lefebvre.es
www.efl.es

Accede gratis a este Código Básico en nuestras aplicaciones móviles

1. Apunta y escanea

Abre la cámara de tu smartphone y apúntala al código QR que encontrarás en esta página.

2. Descarga nuestra app (si aún no la tienes)

- Si es la primera vez que escaneas nuestro QR, te llevaremos directamente a la tienda de aplicaciones de tu dispositivo (Google Play o App Store).
- Descarga nuestra app gratuita Códigos Lefebvre con un solo clic.
- Una vez instalada, ábrela y tendrás acceso inmediato al contenido actualizado del Código que acabas de escanear.

3. Para usuarios que ya tienen la app

- Si ya tienes nuestra app instalada pero nunca la has usado, simplemente escanea el código QR desde la pantalla de inicio de sesión.
- ¿Ya has utilizado nuestra app antes? Abre el menú lateral y selecciona "Escanear código QR" para acceder al nuevo Código

Este acceso estará disponible hasta el 1 de septiembre de 2026, fecha en que se publicarán las nuevas ediciones en formato papel.

Todos los ejemplares se entregarán retractilados. No se admitirá ninguna devolución de Códigos sin esta protección.

ÍNDICE

1. CONSTITUCIÓN ESPAÑOLA

2. LOTC

RELACIÓN DE REFORMAS DE LAS NORMAS PUBLICADAS

Ley Orgánica 8/1984, de 26 de diciembre, por la que se regula el régimen de recursos en caso de Objeción de Conciencia, su régimen penal y se deroga el artículo 45 de la Ley Orgánica 2/1979, de 3 de octubre, del Tribunal Constitucional.

Ley Orgánica 4/1985, de 7 de junio, por la que se deroga el Capítulo II del Título VI de la Ley Orgánica 2/1979, de 3 de octubre, reguladora del Tribunal Constitucional.

Ley Orgánica 6/1988, de 9 de junio, por la que se modifican los artículos 50 y 86 de la Ley Orgánica 2/1979, de 3 de octubre, del Tribunal Constitucional.

Reforma del artículo 13, apartado 2, de la Constitución Española, de 27 de agosto de 1992.

Ley Orgánica 7/1999, de 21 de abril, de modificación de la Ley Orgánica 2/1979, de 3 de octubre, del Tribunal Constitucional.

Ley Orgánica 1/2000, de 7 de enero, de modificación de la Ley Orgánica 2/1979, de 3 de octubre, del Tribunal Constitucional.

Ley Orgánica 6/2007, de 24 de mayo, por la que se modifica la Ley Orgánica 2/1979, de 3 de octubre, del Tribunal Constitucional.

Ley Orgánica 1/2010, de 19 de febrero, de modificación de las leyes orgánicas del Tribunal Constitucional y del Poder Judicial.

Ley Orgánica 8/2010, de 4 de noviembre, de reforma de la Ley Orgánica 5/1985, de 19 de junio, del Régimen Electoral General, y de la Ley Orgánica 2/1979, de 3 de octubre, del Tribunal Constitucional.

Reforma del artículo 135 de la Constitución Española, de 27 de septiembre de 2011.

Ley Orgánica 12/2015, de 22 de septiembre, de modificación de la Ley Orgánica 2/1979, de 3 de octubre, del Tribunal Constitucional, para el establecimiento del recurso previo de inconstitucionalidad para los Proyectos de Ley Orgánica de Estatuto de Autonomía o de su modificación.

Ley Orgánica 15/2015, de 16 de octubre, de reforma de la Ley Orgánica 2/1979, de 3 de octubre, del Tribunal Constitucional, para la ejecución de las resoluciones del Tribunal Constitucional como garantía del Estado de Derecho.

Reforma del artículo 49 de la Constitución Española, de 15 de febrero de 2024.

Ley Orgánica 2/2024, de 1 de agosto, de representación paritaria y presencia equilibrada de mujeres y hombres.

INDICE DE PRECEPTOS AFECTADOS POR LAS REFORMAS

1. CONSTITUCIÓN ESPAÑOLA

I. Constitución Española de 1978.

Última reforma de la presente disposición realizada por Reforma de la Constitución Española, de 15 de febrero de 2024

PREÁMBULO

La Nación Española, deseando establecer la justicia, la libertad y la seguridad y promover el bien de cuantos la integran, en uso de su soberanía, proclama su voluntad de:

- Garantizar la convivencia democrática dentro de la Constitución y de las leyes conforme a un orden económico y social justo.

- Consolidar un Estado de Derecho que asegure el imperio de la Ley como expresión de la voluntad popular.

- Proteger a todos los españoles y pueblos de España en el ejercicio de los derechos humanos, sus culturas y tradiciones, lenguas e instituciones.

- Promover el progreso de la cultura y de la economía para asegurar a todos una digna calidad de vida.

- Establecer una sociedad democrática avanzada, y colaborar en el fortalecimiento de unas relaciones pacíficas y de eficaz cooperación entre todos los pueblos de la Tierra.

En consecuencia, las Cortes aprueban y el pueblo español ratifica la siguiente Constitución [1].

---

[1] Véanse Ley 1/2023, de 20 de febrero, de Cooperación para el Desarrollo Sostenible y la Solidaridad Global; Preámbulo LO 6/2006, de 19 julio, de Reforma del Estatuto de Cataluña

TÍTULO PRELIMINAR

1. 1. España se constituye en un Estado social y democrático de Derecho, que propugna como valores superiores de su ordenamiento jurídico la libertad, la justicia, la igualdad y el pluralismo político.

2. La soberanía nacional reside en el pueblo español, del que emanan los poderes del Estado.

3. La forma política del Estado español es la Monarquía parlamentaria [2].

2. La Constitución se fundamenta en la indisoluble unidad de la Nación Española, patria común e indivisible de todos los españoles, y reconoce y garantiza el derecho a la autonomía de las nacionalidades y regiones que la integran y la solidaridad entre todas ellas [3].

3. 1. El castellano es la lengua española oficial del Estado. Todos los españoles tienen el deber de conocerla y el derecho a usarla.

2. Las demás lenguas españolas serán también oficiales en las respectivas Comunidades Autónomas de acuerdo con sus Estatutos.

3. La riqueza de las distintas modalidades lingüísticas de España es un patrimonio cultural que será objeto de especial respeto y protección [4].

---

[2] Véanse LO 1/2003, de 10 marzo, para la garantía de la democracia en los ayuntamientos y la seguridad de los concejales; art. 2.4 LO 6/2006, de 19 julio, de Reforma del Estatuto de Cataluña; LO 3/2007, de 22 marzo, para la igualdad efectiva de mujeres y hombres y arts. 2, 14, 39 a 53, 56 a 65, 66 y disp. adic. 1ª CE

[3] Véanse art. 4 LRJPAC, en su redacción dada por la Ley 4/1999, de 13 enero; LO 6/2006, de 19 julio, de Reforma del Estatuto de Cataluña; art. 9 LO 2/2012, de 27 de abril, de Estabilidad Presupuestaria y Sostenibilidad Financiera y arts. 143 a 158 CE

[4] Véanse, art. 520 LECrim; art. 231 LOPJ, modificada por LO 16/1994, de 8 noviembre; art. 22 LO 8/2000, de 22 diciembre, de reforma de la LO 4/2000, de 11 enero, sobre derechos y libertades de los extranjeros en España y su integración social; art. 36 LRJAPC, (en su redacción dada por Ley 4/1999); Ley 18/1997, de 13 mayo, de modificación del artículo 8 de la Ley del Contrato de Seguro para garantizar la plena utilización de todas las lenguas oficiales en la redacción de los contratos; RD 489/1997, de 14 abril, de publicación de las Leyes en las Lenguas cooficiales de las Comunidades Autónomas; RD 905/2007, de 6 julio, por el que se crean el Consejo de lenguas oficiales de la Administración general del Estado y la

4. 1. La bandera de España está formada por tres franjas horizontales, roja, amarilla y roja, siendo la amarilla de doble anchura que cada una de las rojas.

2. Los Estatutos podrán reconocer banderas y enseñas propias de las Comunidades Autónomas. Estas se utilizarán junto a la bandera de España en sus edificios públicos y en sus actos oficiales [5].

5. La capital del Estado es la villa de Madrid [6].

6. Los partidos políticos expresan el pluralismo político, concurren a la formación y manifestación de la voluntad popular y son instrumento fundamental para la participación política. Su creación y el ejercicio de su actividad son libres dentro del respeto a la Constitución y a la Ley. Su estructura interna y funcionamiento deberán ser democráticos [7].

7. Los sindicatos de trabajadores y las asociaciones empresariales contribuyen a la defensa y promoción de los intereses económicos y sociales que les son propios. Su creación y el ejercicio de su actividad

---

oficina para las lenguas oficiales; arts. 6, 33 y 35 LO 6/2006, de 19 julio, de Reforma del Estatuto de Cataluña

[5] Véanse arts. 543, 612.5° y 612.6° CP LO 10/1995, de 23 noviembre; Ley 39/1981, de 28 octubre, por la que se regula el uso de la bandera de España y el de otras banderas y enseñas; Ley 33/1981, de 5 octubre, que describe el Escudo de España; art. 40 LO 13/1991, de 20 diciembre, del Servicio Militar, derogada por LO 5/2005, de 17 noviembre, Ley de la Defensa Nacional; disp. adic. 5ª RD 1410/1994, de 25 junio, por el que se aprueba el Reglamento del Servicio Militar; RD 1560/1997, de 10 octubre, por el que se regula el himno nacional; Orden DEF/1445/2004, de 16 mayo, por la que se establece el procedimiento para que los españoles puedan solicitar y realizar el juramento o promesa ante la bandera de España; art. 8 LO 6/2006, de 19 julio, de Reforma del Estatuto de Cataluña y art. 147 CE

[6] Véanse art. 6 LO 3/1983, de 25 febrero, Estatuto de Autonomía de la Comunidad de Madrid; Ley 22/2006, de 4 julio, de capitalidad y de régimen especial de Madrid

[7] Véanse Ley 43/1998, de 15 diciembre, de Restitución o Compensación a los Partidos Políticos de bienes y derechos incautados en aplicación de la normativa sobre responsabilidades políticas del período 1936-1939; LO 1/2002, de 2 marzo, reguladora del derecho de asociación; LO 6/2002, de 27 junio, de Partidos Políticos; art. 4 LO 1/2003, de 10 marzo, para la garantía de la democracia en los ayuntamientos y la seguridad de los concejales; LO 8/2007, de 4 julio, sobre financiación de partidos políticos; art. único LO 3/2011, de 28 de enero, por la que se modifica la LO 5/1985, de 19 de junio, del Régimen Electoral General y arts. 22 y 23 CE

son libres dentro del respeto a la Constitución y a la Ley. Su estructura interna y funcionamiento deberán ser democráticos [8] .

8. 1. Las Fuerzas Armadas, constituidas por el Ejército de Tierra, la Armada y el Ejército del Aire, tienen como misión garantizar la soberanía e independencia de España, defender su integridad territorial y el ordenamiento constitucional.

2. Una Ley orgánica regulará las bases de la organización militar conforme a los principios de la presente Constitución [9] .

9. 1. Los ciudadanos y los poderes públicos están sujetos a la Constitución y al resto del ordenamiento jurídico.

2. Corresponde a los poderes públicos promover las condiciones para que la libertad y la igualdad del individuo y de los grupos en que se integra sean reales y efectivas; remover los obstáculos que impidan o dificulten su plenitud y facilitar la participación de todos los ciudadanos en la vida política, económica, cultural y social.

---

[8] Véanse LO 11/1985, de 2 agosto, de Libertad Sindical; Ley 4/1986, de 8 enero, de cesión de bienes del Patrimonio sindical acumulado; RDLey 3/2012, de 10 de febrero, de medidas urgentes para la reforma del mercado laboral y arts. 28.1 y 37 CE

[9] Véanse Ley 85/1978, de 28 diciembre, de Reales Ordenanzas de las Fuerzas Armadas, derogada parcialmente por la Ley 39/2007, de 19 diciembre de la Carrera Militar y totalmente por la LO 9/2011, de 27 de julio; RD 96/2009, de 6 febrero, por el que se aprueban las Reales Ordenanzas para las Fuerzas Armadas; LO 5/2005, de 17 noviembre, de la Defensa Nacional; Ley 42/1999, de 25 noviembre, de Régimen del Personal del Cuerpo de la Guardia Civil; Ley 8/2006, de 24 abril, de Tropa y Marinería, modificada por Ley 39/2007, de 19 de noviembre, Ley 2/2008, de 23 de diciembre de Presupuestos Generales del Estado para el año 2009 y LO 9/2011, de 27 de julio de derechos y deberes de los miembros de las Fuerzas Armadas; LO 7/2007, de 2 julio, de modificación de las Leyes Orgánicas 13/1985, de 9 de diciembre, del Código Penal Militar, y 8/1998, de 2 de diciembre, de Régimen Disciplinario de las Fuerzas Armadas, y del RDLey 8/2004, de 5 de noviembre, sobre indemnizaciones a los participantes en operaciones internacionales de paz y seguridad; Ley 26/1999, de 9 julio, de medidas de apoyo a la movilidad geográfica de los miembros de las Fuerzas Armadas, modificada por LO 11/2007, reguladora de los derechos y deberes de los miembros de la Guardia Civil; RD 711/2010, de 28 de mayo, por el que se aprueba el aprueba el Reglamento de especialidades fundamentales de las Fuerzas Armadas; RD 383/2011, de 18 de marzo, por el que se aprueba el Reglamento de Reservistas de las Fuerzas Armadas; LO 12/2007, de 22 octubre, del Régimen disciplinario de la Guardia civil; Ley 39/2007, de 19 noviembre, de la carrera militar, modificada por la Ley 2/2008, de 23 diciembre, de Presupuestos Generales del Estado para el año 2009 y por la disp. final 5ª de la LO 9/2011, de 27 de julio; LO 11/2007, de 22 octubre, reguladora de los derechos y deberes de los miembros de la Guardia Civil; LO 9/2011, de 27 de julio reguladora de los derechos y deberes de los miembros de las Fuerzas Armadas

3. La Constitución garantiza el principio de legalidad, la jerarquía normativa, la publicidad de las normas, la irretroactividad de las disposiciones sancionadoras no favorables o restrictivas de derechos individuales, la seguridad jurídica, la responsabilidad y la interdicción de la arbitrariedad de los poderes públicos [10].

TÍTULO PRIMERO
De los derechos y deberes fundamentales

10. 1. La dignidad de la persona, los derechos inviolables que le son inherentes, el libre desarrollo de la personalidad, el respeto a la Ley y a los derechos de los demás son fundamento del orden político y de la paz social.

2. Las normas relativas a los derechos fundamentales y a las libertades que la Constitución reconoce se interpretarán de conformidad con la Declaración Universal de Derechos Humanos y los tratados y acuerdos internacionales sobre las mismas materias ratificados por España [11].

---

[10] Véanse Ley 6/1996, de 15 enero, del Voluntariado; Ley 51/2003, de 2 diciembre, de Igualdad de oportunidades, no discriminación y accesibilidad universal de las personas con discapacidad; LO 1/2004, de 28 diciembre, de Medidas de Protección Integral contra la Violencia de Género; LO 3/2007, de 22 marzo, para la igualdad efectiva de mujeres y hombres; Ley 5/2002, de 4 abril, de normas reguladoras de los Boletines Oficiales de las Provincias; RD 181/2008, de 8 febrero, de ordenación del Diario Oficial «Boletín Oficial del Estado» y arts. 1.1, 10, 14 y 17.1 CE

[11] Véanse Convenio para la Protección de los Derechos Humanos y las Libertades Fundamentales, adoptado en Roma el 4 noviembre 1950, Instrumento de Ratificación de 26 noviembre 1979; Carta Social Europea, hecha en Turín el 18 octubre 1961, Instrumento de Ratificación de 29 abril 1980; Pacto Internacional de Derechos Civiles y Políticos, hecho en Nueva York el 19 diciembre 1966, Instrumento de Ratificación de 13 abril 1977; Pacto Internacional de Derechos Económicos, Sociales y Culturales, hecho en Nueva York el 19 diciembre 1966, Instrumento de Ratificación de 13 abril 1977; Convención de 18 de diciembre 1979 sobre Eliminación de todas las formas de Discriminación contra la Mujer, Instrumento de Ratificación de 16 diciembre 1983; Protocolo Adicional de 20 marzo 1952, ratificado por Instrumento de 2 noviembre 1990; Instrumento de ratificación del Protocolo núm. 11 del Convenio para la Protección de los Derechos Humanos y Libertades Fundamentales, relativo a la reestructuración del mecanismo de control establecido por Convenio, hecho en Estrasburgo, el 11 mayo 1994; Instrumento de ratificación del Protocolo Adicional al Convenio para la Protección de los Derechos Humanos y la dignidad del ser humano, con respecto a las aplicaciones de la biología y medicina, por la que se prohíbe la clonación de seres humanos, hecho en París, el 12 enero 1998; Resolución

CAPÍTULO PRIMERO
De los españoles y los extranjeros

11. 1. La nacionalidad española se adquiere, se conserva y se pierde de acuerdo con lo establecido por la Ley.

2. Ningún español de origen podrá ser privado de su nacionalidad.

3. El Estado podrá concertar tratados de doble nacionalidad con los países iberoamericanos o con aquellos que hayan tenido o tengan una particular vinculación con España. En estos mismos países, aun cuando no reconozcan a sus ciudadanos un derecho recíproco, podrán naturalizarse los españoles sin perder su nacionalidad de origen [12].

12. Los españoles son mayores de edad a los dieciocho años [13].

13. 1. Los extranjeros gozarán en España de las libertades públicas que garantiza el presente Título en los términos que establezcan los tratados y la Ley [14].

2. Solamente los españoles serán titulares de los derechos reconocidos en el art. 23, salvo lo que, atendiendo a criterios de reciprocidad,

---

de 5 abril 1999, por la que se hacen públicos los Textos refundidos del Convenio para la protección de los derechos y de las libertades fundamentales, hecho en Roma el 4 noviembre 1950, el Protocolo adicional, hecho en París el 20 marzo 1952 y el Protocolo número 6, relativo a la abolición de la pena de muerte hecho en Estrasburgo el 28 abril 1983 y arts. 9.2, 14 a 29, 53, 81 y 96 CE

[12] Véanse arts. 17 a 26 CC, redactados con arreglo a lo establecido en la Ley 51/1982, de 13 julio; Ley 18/1990, de 17 diciembre, de reforma del Código Civil en materia de nacionalidad; Ley 29/1995, de 2 noviembre, por la que se modifica el Código Civil en materia de recuperación de nacionalidad. Da nueva redacción al art. 26 del CC; Ley 36/2002, de 8 octubre, de modificación del Código Civil en materia de nacionalidad y arts. 9.1 y 13.2 CE

[13] Véanse art. 315 CC y disp. adic. 2ª CE

[14] Véanse la LO 4/2000, de 11 enero, de Derechos y Libertades de los Extranjeros en España y su integración social, su nuevo Reglamento, aprobado por RD 1155/2024 de 19 noviembre, con vigencia desde el 20 mayo 2025, que sustituye al anterior, aprobado por RD 557/2011 de 20 abril y art. 149.1.2ª CE

pueda establecerse por tratado o Ley para el derecho de sufragio activo y pasivo en las elecciones municipales [15] . [16]

3. La extradición sólo se concederá en cumplimiento de un tratado o de la Ley, atendiendo al principio de reciprocidad. Quedan excluidos de la extradición los delitos políticos, no considerándose como tales los actos de terrorismo [17] .

4. La Ley establecerá los términos en que los ciudadanos de otros países y los apátridas podrán gozar del derecho de asilo en España [18] .

CAPÍTULO II
Derechos y libertades

14. Los españoles son iguales ante la Ley, sin que pueda prevalecer discriminación alguna por razón de nacimiento, raza, sexo, religión, opinión o cualquier otra condición o circunstancia personal o social [19] .

---

[15] Véase el art. 22 Tratado de Funcionamiento de la Unión Europea y el art. 176 LO 5/1985 de 19 junio, del Régimen Electoral General;

[16] Dada nueva redacción apartado 2 por art. único de Constitución de 27 de agosto de 1992 , con vigencia desde 28/08/1992

[17] Véase la Ley 4/1985 de 21 marzo, de Extradición Pasiva y el tít. II Ley 23/2014 de 20 noviembre, de reconocimiento mutuo de resoluciones penales en la Unión Europea

[18] Véase la Ley 12/2009 de 30 octubre, reguladora del derecho de asilo y de la protección subsidiaria, el RD 203/1995, de 10 febrero, por el que se aprueba el Reglamento de aplicación de la Ley 5/1984 de 26 marzo, en aquello que no se le oponga, y el RD 865/2001, de 20 julio, por el que aprueba el Reglamento de Reconocimiento del Estatuto de Apátrida

[19] Véanse Ley 11/1990, de 15 octubre, sobre Reforma del Código Civil en aplicación del Principio de no discriminación por razón de sexo; arts. 22.4ª, 314, 511 a 515, 607, 611.6º CP, LO 10/1995, de 23 noviembre; Instrumento de ratificación por parte de España del Protocolo Adicional a la Carta Social Europea, hecha en Estrasburgo el 5 mayo 1988; RD 1686/2000, de 6 octubre, por el que se crea el observatorio de la igualdad de oportunidades entre mujeres y hombres; Ley 30/2003, de 13 octubre, sobre medidas para incorporar la valoración de impacto de género en las disposiciones normativas que elabore el Gobierno; LO 1/2004, de 28 diciembre, de Medidas de Protección Integral contra la Violencia de Género; Ley 33/2006, de 30 octubre, sobre igualdad del hombre y la mujer en el orden de sucesión de los títulos nobiliarios; LO 3/2007, de 22 marzo, para la igualdad efectiva de mujeres y hombres y arts. 1.1, 9.2, 23.2, 31.1, 32.1, 35.1, 39.2, 53.2, 139 y 141.1.1 CE

SECCIÓN PRIMERA
De los derechos fundamentales y de las libertades públicas

15. Todos tienen derecho a la vida y a la integridad física y moral, sin que, en ningún caso, puedan ser sometidos a tortura ni a penas o tratos inhumanos o degradantes. Queda abolida la pena de muerte, salvo lo que puedan disponer las leyes penales militares para tiempos de guerra [20].

16. 1. Se garantiza la libertad ideológica, religiosa y de culto de los individuos y las comunidades sin más limitación, en sus manifestaciones, que la necesaria para el mantenimiento del orden público protegido por la Ley.

2. Nadie podrá ser obligado a declarar sobre su ideología, religión o creencias.

3. Ninguna confesión tendrá carácter estatal. Los poderes públicos tendrán en cuenta las creencias religiosas de la sociedad española y mantendrán las consiguientes relaciones de cooperación con la Iglesia Católica y las demás confesiones [21].

---

[20] Véanse art. 43 LO 1/1979, de 26 septiembre, General Penitenciaria, modificada por LO 13/1995, de 18 diciembre; arts. 144, 145 y 146 CP LO 10/1995, de 23 noviembre (según redacción dada por LO 2/2010); LO 11/1995, de 27 noviembre, de Abolición de la Pena de Muerte en Tiempo de Guerra; Ley 33/1998, de 5 octubre, de prohibición total de Minas y Armas de efecto similar; art. 9.4 Ley 41/2002, de 14 de noviembre, básica reguladora de la autonomía del paciente y de derechos y obligaciones en materia de información y documentación clínica, modificada por LO 2/2010; LO 4/2005, de 10 octubre, de reforma del Código Penal, en materia de delitos de riesgo provocados por explosivos; Ley 14/2006, de 26 de mayo, de Técnicas de Reproducción Humana Asistida, modificada por Ley 14/2007, de 3 de julio; Ley 14/2007, de 3 julio, de Investigación Biomédica, modificada por Ley 14/2011, de 1 de junio, de la Ciencia, Tecnología e Investigación; LO 2/2010, de 3 de marzo, de Salud Sexual y Reproductiva y de la Interrupción Voluntaria del Embarazo; RD 825/2010, de 25 de julio, de desarrollo parcial de la LO 2/2010, de 3 de marzo, de Salud Sexual y Reproductiva y de la Interrupción Voluntaria del Embarazo; y arts. 1.1, 10, 17.3 y 25.2 CE

[21] Véanse LO 7/1980, de 5 julio, de Libertad Religiosa; Ley 24/1992, de 10 noviembre, por la que se aprueba el Acuerdo de Cooperación del Estado con la Federación de Entidades Religiosas Evangélicas de España; Ley 25/1992, de 10 noviembre, por la que se aprueba el Acuerdo de Cooperación del Estado con la Federación de Comunidades Israelitas de España; Ley 26/1992, de 10 noviembre, por la que se aprueba el Acuerdo de Cooperación del Estado con la Comisión Islámica de España; arts. 522 a 526 CP LO 10/1995, de 23 noviembre; Orden JUS/1375/2002, de

17. 1. Toda persona tiene derecho a la libertad y a la seguridad. Nadie puede ser privado de su libertad, sino con la observancia de lo establecido en este artículo y en los casos y en la forma previstos en la Ley.

2. La detención preventiva no podrá durar más del tiempo estrictamente necesario para la realización de las averiguaciones tendentes al esclarecimiento de los hechos, y, en todo caso, en el plazo máximo de setenta y dos horas, el detenido deberá ser puesto en libertad o a disposición de la autoridad judicial.

3. Toda persona detenida debe ser informada de forma inmediata, y de modo que le sea comprensible, de sus derechos y de las razones de su detención, no pudiendo ser obligada a declarar. Se garantiza la asistencia de abogado al detenido en las diligencias policiales y judiciales, en los términos que la Ley establezca.

4. La Ley regulará un procedimiento de "habeas corpus" para producir la inmediata puesta a disposición judicial de toda persona detenida ilegalmente. Asimismo, por Ley se determinará el plazo máximo de duración de la prisión provisional [22].

18. 1. Se garantiza el derecho al honor, a la intimidad personal y familiar y a la propia imagen.

2. El domicilio es inviolable. Ninguna entrada o registro podrá hacerse en él sin consentimiento del titular o resolución judicial, salvo en caso de flagrante delito.

3. Se garantiza el secreto de las comunicaciones y, en especial, de las postales, telegráficas y telefónicas, salvo resolución judicial.

---

31 mayo, sobre organización y competencias de la Comisión Asesora de Libertad Religiosa; y arts. 1.1, 9.2, 10.1, 20, 27, 30.2 y 53 CE

[22] Véanse arts. 489 a 544 LECrim; art. 30 LO 4/1981, de 1 junio, de los Estados de Alarma, Excepción y Sitio; LO 14/1983, de 12 diciembre, por la que se desarrolla el art. 17.3 de la Constitución en materia de asistencia letrada al detenido y al preso y modificación de los arts. 520 y 527 de la LECrim; LO 10/1984, de 26 diciembre, por la que se modifican los arts. 503, 504 y 529 de la LECrim; LO 6/1984, de 24 mayo, que regula el procedimiento de «Hábeas Corpus»; art. 20 LO 1/1992, de 21 febrero, sobre Protección de la Seguridad Ciudadana; disp. adic. 2ª LO 5/1995, de 22 mayo, del Tribunal del Jurado, modificada por LO 8/1995, de 16 noviembre, art. 2; arts. 34.1, 163 a 168 y 537 CP LO 10/1995, de 23 noviembre; LO 13/2003, de 24 octubre, de reforma de la Ley de Enjuiciamiento Criminal en materia de prisión provisional; Ley 37/2011, de 10 de octubre, de medidas de agilización procesal y arts. 1.1, 9.3, 24 y 55 CE

4. La Ley limitará el uso de la informática para garantizar el honor y la intimidad personal y familiar de los ciudadanos y el pleno ejercicio de sus derechos [23].

19. Los españoles tienen derecho a elegir libremente su residencia y a circular por el territorio nacional.

Asimismo, tienen derecho a entrar y salir libremente de España en los términos que la Ley establezca. Este derecho no podrá ser limitado por motivos políticos o ideológicos [24].

20. 1. Se reconocen y protegen los derechos:

a) A expresar y difundir libremente los pensamientos, ideas y opiniones mediante la palabra, el escrito o cualquier otro medio de reproducción.

b) A la producción y creación literaria, artística, científica y técnica.

c) A la libertad de cátedra.

d) A comunicar o recibir libremente información veraz por cualquier medio de difusión. La Ley regulará el derecho a la cláusula de conciencia y al secreto profesional en el ejercicio de estas libertades.

2. El ejercicio de estos derechos no puede restringirse mediante ningún tipo de censura previa.

---

[23] Véanse arts. 545 a 578 y 804 a 885 LECrim; art. 51 LO 1/1979, de 26 septiembre, General Penitenciaria; art. 52.6, 256 LCiv 1/2000; arts. 197 a 204, 205 a 216, 417, 496, 504 a 506 y 534 a 536 CP LO 10/1995, de 23 noviembre; LO 1/1982, de 5 mayo, de Protección Civil del Derecho al Honor, a la Intimidad Personal y Familiar y a la propia Imagen; arts. 20, 21 y 22 LO 1/1992, de 21 febrero, sobre Protección de la Seguridad Ciudadana; art. 8.5 LRJCA; LO 6/1998, de 13 julio, de reforma de la LO 6/1985, de 1 julio, del Poder Judicial (supresión del antiguo art. 87.2); RD 428/1993, de 26 marzo, por el que se aprueba el Estatuto de la Agencia de Protección de Datos; RD 2364/1994, de 9 diciembre, que aprueba el Reglamento de Seguridad Privada; LO 4/1981, de 1 junio, de Estados de Alarma, Excepción y Sitio, arts. 18 y 27; LO 3/2018 de 5 diciembre, de Protección de Datos de Carácter Personal y garantía de los derechos digitales; RD 1720/2007, de 21 de diciembre, por el que se aprueba el Reglamento de desarrollo de la Ley Orgánica 15/1999, de 13 de diciembre; Ley 25/2007, de 18 octubre, de conservación de datos relativos a las Comunicaciones Electrónicas, a las Redes Públicas de Comunicaciones; LO 5/2010, de 22 de junio, por la que se modifica la LO CP 10/1995, de 23 de noviembre y arts. 20.4, 31, 55.2 y 116 CE

[24] Véanse arts. 11, 12 y 20 LO 4/1981, de 1 junio, de Estados de Alarma, Excepción y Sitio; art. 19 LO 1/1992, de 21 febrero, de Protección de la Seguridad Ciudadana; arts. 163 y ss. y 582 CP LO 10/1995, de 23 noviembre; RD 896/2003, de 11 julio, por el que se regula la Expedición de Pasaporte Ordinario y se determinan sus características; y arts. 55.1 y 139.2 CE

3. La Ley regulará la organización y el control parlamentario de los medios de comunicación social dependientes del Estado o de cualquier ente público y garantizará el acceso a dichos medios de los grupos sociales y políticos significativos, respetando el pluralismo de la sociedad y de las diversas lenguas de España.

4. Estas libertades tienen su límite en el respeto a los derechos reconocidos en este Título, en los preceptos de las leyes que lo desarrollen y, especialmente, en el derecho al honor, a la intimidad, a la propia imagen y a la protección de la juventud y de la infancia.

5. Sólo podrá acordarse el secuestro de publicaciones, grabaciones y otros medios de información en virtud de resolución judicial [25].

21. 1. Se reconoce el derecho de reunión pacífica y sin armas. El ejercicio de este derecho no necesitará autorización previa.

2. En los casos de reuniones en lugares de tránsito público y manifestaciones se dará comunicación previa a la autoridad, que sólo podrá

---

[25] Véanse, arts. 816 a 823 LECrim; arts. 21 y 32 LO 4/1981, de 1 junio, de Estados de Alarma, Excepción y Sitio; LO 1/1982, de 5 mayo, de Protección Civil del Derecho al Honor, a la Intimidad Personal y Familiar y a la propia Imagen; LO 2/1984, de 26 enero, reguladora del Derecho de Rectificación; Ley 24/2015, de 24 julio, de Patentes; arts. 205 a 216, 490.3, 491.1, 496, 504, 505, 510.2, 612.3 y 620.2 CP 10/1995, de 23 noviembre; RDLeg 1/1996, de 12 abril, por el que se aprueba el texto refundido de la Ley de Propiedad Intelectual, regularizando, aclarando y armonizando las disposiciones legales vigentes sobre la materia; Ley 11/2022, de 28 junio, General de Telecomunicaciones; LO 2/1997, de 19 junio, regula el derecho de los profesionales de la información a la cláusula de conciencia; RDLey 8/1998, de 31 julio, de medidas urgentes en materia de propiedad industrial; Ley 13/2022, de 7 julio, General de Comunicación Audiovisual; arts. 3 y 39 y cap. II del tít. II Ley 17/2006, de 5 de junio, de la Radio y la Televisión de titularidad estatal; Ley 8/2009, de 28 de agosto, de Financiación de la Corporación de Radio y Televisión Española; RDLey 13/2012, de 30 de marzo, por el que se transpone directivas en materia de mercados interiores de electricidad y gas y en materia de comunicaciones electrónicas, y por el que se adoptan medidas para la corrección de las desviaciones por desajustes entre los costes e ingresos de los sectores eléctrico y gasista; RDLey 15/2012, de 20 de abril, de modificación del régimen de administración de la Corporación RTVE, previsto en la Ley 17/2006, de 5 de junio; art. 3 a) Ley 34/1988, de 11 noviembre, General de la Publicidad; LO 10/1991, de 8 abril, de organización y control de las Emisoras Municipales de Radiodifusión Sonora; Ley 29/2009, de 30 de diciembre, por la que se modifica el régimen legal de la competencia desleal y de la publicidad para la mejora de la protección de los consumidores y usuarios y arts. 1.1, 3, 9.2, 16, 18, 18.1, 20.1, 27, 53, 55, 81 y 120.1 CE

prohibirlas cuando existan razones fundadas de alteración del orden público, con peligro para personas o bienes [26].

22. 1. Se reconoce el derecho de asociación.

2. Las asociaciones que persigan fines o utilicen medios tipificados como delito son ilegales.

3. Las asociaciones constituidas al amparo de este artículo deberán inscribirse en un registro a los solos efectos de publicidad.

4. Las asociaciones sólo podrán ser disueltas o suspendidas en sus actividades en virtud de resolución judicial motivada.

5. Se prohíben las asociaciones secretas y las de carácter paramilitar [27].

23. 1. Los ciudadanos tienen el derecho a participar en los asuntos públicos, directamente o por medio de representantes, libremente elegidos en elecciones periódicas por sufragio universal.

2. Asimismo, tienen derecho a acceder en condiciones de igualdad a las funciones y cargos públicos, con los requisitos que señalen las leyes [28].

---

[26] Véanse art. 22 LO 4/1981, de 8 junio, de los Estados de Alarma, Excepción y Sitio; disp. final 1ª LO 9/1983, de 15 julio, reguladora del Derecho de Reunión, modificada por LO 9/2011, de 27 de julio; arts. 16 a 19 LO 1/1992, de 21 febrero, sobre Protección de la Seguridad Ciudadana; arts. 513-514 CP LO 10/1995, de 23 noviembre; disp. adic. 3ª LO 4/1997, de 4 agosto, por la que se regula la Utilización de Videocámaras por las Fuerzas y Cuerpos de Seguridad del Estado en lugares públicos; y arts. 53.1 y 2, 55 y 116 CE

[27] Véanse arts. 35 y 36 CC, arts. 515 y ss. CP LO 10/1995, de 23 noviembre; Ley 7/1997, de 18 junio, que regula y fomenta las Asociaciones que sean competencia de la Generalidad de Cataluña; LO 1/2002, de 22 marzo, reguladora del Derecho de Asociación, modificada por LO 9/2011, de 27 de julio; Ley 4/2003, de 28 febrero, de Asociaciones de Canarias; RD 1740/2003, de 19 diciembre, sobre procedimientos relativos a asociaciones de utilidad pública y arts. 6, 7, 13.1, 16, 36, 52, 53 y 55 CE

[28] Véanse LO 2/1980, de 18 enero, de distintas modalidades del referéndum, modificada por LO 12/1980, de 16 diciembre; LO 3/1984, de 26 marzo, de Iniciativa Legislativa Popular, modificada por art. único.1 de LO 4/2006, de 26 de mayo; LO 5/1985, de 19 junio, del Régimen Electoral General; art. 472.3º CP LO 10/1995, de 23 noviembre; y arts. 6, 9.2, 13, 14, 23, 68, 69, 70, 87.3, 92, 103, 140, 141, 149.1.1 y 167 CE

24. 1. Todas las personas tienen derecho a obtener la tutela efectiva de los jueces y tribunales en el ejercicio de sus derechos e intereses legítimos, sin que, en ningún caso, pueda producirse indefensión [29].

2. Asimismo, todos tienen derecho al Juez ordinario predeterminado por la Ley, a la defensa y a la asistencia de letrado, a ser informados de la acusación formulada contra ellos, a un proceso público sin dilaciones indebidas y con todas las garantías, a utilizar los medios de prueba pertinentes para su defensa, a no declarar contra sí mismos, a no confesarse culpables y a la presunción de inocencia.

La Ley regulará los casos en que, por razón de parentesco o de secreto profesional, no se estará obligado a declarar sobre hechos presuntamente delictivos [30].

25. 1. Nadie puede ser condenado o sancionado por acciones u omisiones que en el momento de producirse no constituyan delito, falta o infracción administrativa, según la legislación vigente en aquel momento.

2. Las penas privativas de libertad y las medidas de seguridad estarán orientadas hacia la reeducación y reinserción social y no podrán consistir en trabajos forzados. El condenado a pena de prisión que estuviere cumpliendo la misma gozará de los derechos fundamentales de este Capítulo, a excepción de los que se vean expresamente limitados por el contenido del fallo condenatorio, el sentido de la pena y la Ley penitenciaria. En todo caso, tendrá derecho a un trabajo remunerado y a los beneficios correspondientes de la Seguridad Social, así como al acceso a la cultura y al desarrollo integral de su personalidad.

3. La Administración civil no podrá imponer sanciones que, directa o subsidiariamente, impliquen privación de libertad [31].

---

[29] Véanse LEC; LECrim, LOPJ; LRJCA; LRJS; LO 5/2024 de 11 noviembre, del Derecho de Defensa; Ley 52/1997 de 27 noviembre, de Asistencia Jurídica al Estado e Instituciones Públicas,; y arts. 53, 117, 161.1 b) y 162.1 b) CE

[30] Véanse LECiv, LO 7/1988, de 28 diciembre, de los Juzgados de lo Penal y por la que se modifican diversos preceptos de las Leyes Orgánicas del Poder Judicial y de Enjuiciamiento Criminal; LO 16/1994, de 8 noviembre, por la que se reforma la Ley Orgánica del Poder Judicial; LO 19/1994, de 23 diciembre, de Protección a Testigos y Peritos en causas criminales; arts. 416, 714 y 848 LECrim; arts. 5.4 y 436 y ss. LOPJ, y arts. 1.1, 10, 17, 24.1, 117, 119 y 120 CE

[31] Véanse arts. 10, 27 y ss. CP LO 10/1995, de 23 noviembre; LO 1/1979, de 26 septiembre, General Penitenciaria; RD 190/1996, de 9 febrero, por el que se aprueba

26. Se prohíben los Tribunales de Honor en el ámbito de la Administración civil y de las organizaciones profesionales.

27. 1. Todos tienen el derecho a la educación. Se reconoce la libertad de enseñanza.

2. La educación tendrá por objeto el pleno desarrollo de la personalidad humana en el respeto a los principios democráticos de convivencia y a los derechos y libertades fundamentales.

3. Los poderes públicos garantizan el derecho que asiste a los padres para que sus hijos reciban la formación religiosa y moral que esté de acuerdo con sus propias convicciones.

4. La enseñanza básica es obligatoria y gratuita.

5. Los poderes públicos garantizan el derecho de todos a la educación, mediante una programación general de la enseñanza, con participación efectiva de todos los sectores afectados y la creación de centros docentes.

6. Se reconoce a las personas físicas y jurídicas la libertad de creación de centros docentes, dentro del respeto a los principios constitucionales.

7. Los profesores, los padres y, en su caso, los alumnos intervendrán en el control y gestión de todos los centros sostenidos por la Administración con fondos públicos, en los términos que la Ley establezca.

8. Los poderes públicos inspeccionarán y homologarán el sistema educativo para garantizar el cumplimiento de las leyes.

9. Los poderes públicos ayudarán a los centros docentes que reúnan los requisitos que la Ley establezca.

---

el Reglamento Penitenciario, modificado por RD 419/2011, de 25 de marzo; RD 840/2011, de 17 de junio, por el que se establecen las circunstancias de ejecución de las penas de trabajo en beneficio de la comunidad y de localización permanente en centro penitenciario, de determinadas medidas de seguridad, así como de la suspensión de la ejecución de la penas privativas de libertad y sustitución de penas; LO 2/2005, de 22 junio, de modificación del Código Penal, (supresión de los artículos 506 bis, 521 bis y 576 bis del Código Penal); LO 5/2010, de 22 de junio, de modificación del Código penal; y arts. 9.3, 15, 17, 24, 36 y 53.1 CE

10. Se reconoce la autonomía de las Universidades, en los términos que la Ley establezca [32].

28. 1. Todos tienen derecho a sindicarse libremente. La Ley podrá limitar o exceptuar el ejercicio de este derecho a las Fuerzas o Institutos armados o a los demás Cuerpos sometidos a disciplina militar y regulará las peculiaridades de su ejercicio para los funcionarios públicos. La libertad sindical comprende el derecho a fundar sindicatos y a afiliarse al de su elección, así como el derecho de los sindicatos a formar confederaciones y a fundar organizaciones sindicales internacionales o afiliarse a las mismas.

Nadie podrá ser obligado a afiliarse a un sindicato.

2. Se reconoce el derecho a la huelga de los trabajadores para la defensa de sus intereses. La Ley que regule el ejercicio de este derecho establecerá las garantías precisas para asegurar el mantenimiento de los servicios esenciales de la comunidad [33].

---

[32] Véanse Ley 5/1985 de 21 marzo, que regula el Consejo Social de las Universidades; LO 8/1985 de 3 junio, reguladora del Derecho a la Educación (parcialmente derogada) y modificada por la disp. final 1ª de la LO 2/2006, de 3 de mayo; Ley 27/1994 de 29 septiembre, de modificación de la Edad de Jubilación de los funcionarios de los Cuerpos Docentes Universitarios; LO 2/2006 de 3 mayo de Educación, modificada por LO 4/2011, de 11 de marzo y Ley 2/2011, de 4 de marzo; LO 2/2023 de 22 de marzo, del Sistema Universitario; RD 806/2006, de 30 junio, por el que se establece el calendario de aplicación de la nueva ordenación del sistema educativo, establecido por la LO 2/2006, de 3 mayo, de Educación; RD 157/2022 de 1 marzo, por el que se establecen la ordenación y las enseñanzas mínimas de la Educación Primaria; RD 822/2021 de 28 septiembre, por el que se establece la organización de las enseñanzas universitarias y del procedimiento de aseguramiento de su calidad; Ley 14/2011 de 1 junio, de la Ciencia, la Tecnología y la Innovación; y arts. 1, 3, 10.2, 14, 16, 20, 22, 53.2, 96.1, 148.1.17 y 149.1.30 CE

[33] Véanse disp. final 2ª LO 11/1985, de 2 agosto, de Libertad Sindical, modificada por LO 14/1994, de 19 mayo y LO 9/2011, de 27 de julio; arts. 6, 8, 15 y 18 y ss. LO 2/1986, de 13 marzo, de Fuerzas y Cuerpos de Seguridad del Estado; Ley 9/1987, de 12 junio, de Órganos de Representación, determinación de las Condiciones de Trabajo y Participación del Personal al servicio de las Administraciones Públicas, derogada por la Ley 7/2007, de 12 de abril, del Estatuto Básico del Empleado Público, excepto su art. 7 y con la excepción contemplada en la disp. trans. 5ª de este Estatuto; arts. 315 y 409 CP LO 10/1995, de 23 noviembre; arts. 15, 39 y disp. trans. 5ª Ley 7/2007, de 12 de abril, del Estatuto Básico del Empleado Público; Ley 36/2011, de 10 de octubre, reguladora de la Jurisdicción Social; RDLey 3/2012, de 10 de febrero, de medidas urgentes para la reforma del mercado laboral; RDLey 17/1977, de 4 marzo, regulador del Derecho de Huelga y de los conflictos colectivos de trabajo; y arts. 7, 37 y 127 CE

29. 1. Todos los españoles tendrán el derecho de petición individual y colectiva, por escrito, en la forma y con los efectos que determine la Ley.

2. Los miembros de las Fuerzas o Institutos armados o de los Cuerpos sometidos a disciplina militar podrán ejercer este derecho sólo individualmente y con arreglo a lo dispuesto en su legislación específica [34].

SECCIÓN SEGUNDA
De los derechos y los deberes de los ciudadanos

30. 1. Los españoles tienen el derecho y el deber de defender a España.

2. La Ley fijará las obligaciones militares de los españoles y regulará, con las debidas garantías, la objeción de conciencia, así como las demás causas de exención del servicio militar obligatorio, pudiendo imponer, en su caso, una prestación social sustitutoria.

3. Podrá establecerse un servicio civil para el cumplimiento de fines de interés general.

4. Mediante Ley podrán regularse los deberes de los ciudadanos en los casos de grave riesgo, catástrofe o calamidad pública [35].

---

[34] Véanse art. 49 RCD; arts. 192 a 195 RS; art. 21 LO 2/1986, de 13 marzo, de Fuerzas y Cuerpos de Seguridad del Estado; LO 4/2001, de 12 noviembre, reguladora del Derecho de Petición; y art. 77.1 CE

[35] Véanse LO 13/1991, de 20 diciembre, del Servicio Militar, derogada por LO 5/2005, de 17 noviembre, Ley de la Defensa Nacional; LO 8/1984, de 26 diciembre, por la que se regula el régimen de recursos en caso de Objeción de Conciencia, su régimen penal y se deroga el art. 45 de la LO 2/1979, de 3 de octubre, del Tribunal Constitucional, modificada por la LO 14/1985, de 9 diciembre; art. 412 LO 4/1981, de 1 junio, reguladora de los Estados de Alarma, Excepción y Sitio; arts. 4 y ss. Ley 2/1985, de 21 enero, sobre Protección Civil; RD 1410/1994, de 25 junio, por el que se aprueba el Reglamento del Servicio Militar, derogado por LO 5/2005, de 17 de noviembre; Ley 22/1998, de 6 julio, reguladora de la Objeción de Conciencia y de la Prestación Social Sustitutoria; LO 7/1998, de 5 octubre, de modificación de la LO 10/1995, de 23 noviembre, del Código Penal, por la que se suprimen las penas de prisión y multa para los supuestos de incumplimiento del servicio militar obligatorio, disp. adic. 13ª Ley 17/1999, de 18 mayo, de Régimen del Personal de las Fuerzas Armadas; RD 342/2001, de 4 abril, por el que se suspende la Prestación Social Sustitutoria del Servicio Militar; LO 5/2005, de 17 noviembre, Ley de la Defensa Nacional

31. 1. Todos contribuirán al sostenimiento de los gastos públicos de acuerdo con su capacidad económica mediante un sistema tributario justo inspirado en los principios de igualdad y progresividad que, en ningún caso, tendrá alcance confiscatorio.

2. El gasto público realizará una asignación equitativa de los recursos públicos, y su programación y ejecución responderán a los criterios de eficiencia y economía.

3. Sólo podrán establecerse prestaciones personales o patrimoniales de carácter público con arreglo a la Ley [36].

32. 1. El hombre y la mujer tienen derecho a contraer matrimonio con plena igualdad jurídica.

2. La Ley regulará las formas de matrimonio, la edad y capacidad para contraerlo, los derechos y deberes de los cónyuges, las causas de separación y disolución y sus efectos [37].

---

[36] Véanse LGP; RDLey 5/1994, de 29 abril, por el que se regula la obligación de comunicar determinados datos a requerimiento de las Comisiones Parlamentarias de Investigación; LO 6/1995, de 29 junio, por el que se modifican determinados preceptos del Código Penal relativos a los delitos contra la Hacienda Pública y contra la Seguridad Social; Ley 25/1998, de 13 julio, de modificación del Régimen Legal de las Tasas Estatales y Locales y de Reordenación de las Prestaciones Patrimoniales de Carácter Público; LGT; Ley 35/2006, de 30 de noviembre, del Impuesto sobre la Renta de las Personas Físicas y de modificación parcial de los Impuestos sobre Sociedades, sobre la Renta de no Residentes y sobre el Patrimonio; RDLey 12/2012, de 30 de marzo, por el que se introducen diversas medidas tributarias y administrativas dirigidas a la reducción del déficit público y arts. 1.1, 14 y 133 CE

[37] Véanse PIDCP, de 19 diciembre 1966, ratificado por Instrumento de 13 abril 1977, art. 23.4; Acuerdo entre el Estado Español y la Santa Sede sobre Asuntos Jurídicos de 3 enero 1979; Convención de Nueva York de 18 diciembre 1979, sobre Eliminación de todas las formas de Discriminación contra la Mujer, ratificado por Instrumento de 16 diciembre 1983, art. 16 ; Ley 30/1981, de 7 julio, de modificación de la regulación del Matrimonio Civil en el Código Civil y procedimiento a seguir en las causas de Nulidad, Separación y Divorcio; LRC, art. 70 ; Ley 35/1994, de 23 diciembre, de modificación del CC en materia de autorización del Matrimonio Civil por los alcaldes; Instr. 26 enero 1995, de la DGRN, sobre autorización del Matrimonio Civil por los Alcaldes; Ley 13/2005, de 1 julio, por la que se modifica el Código Civil en materia de derecho a contraer matrimonio; Ley 15/2005, de 8 julio, por la que se modifican el Código Civil y la Ley de Enjuiciamiento Civil en materia de separación y divorcio; Resolución-Circular, de 29 julio 2005, de la Dirección General de los Registros y del Notariado, sobre los matrimonios civiles entre personas del mismo sexo; Instr. de la DGRN de 31 enero 2006, sobre matrimonios de complacencia y art. 14 CE

33. 1. Se reconoce el derecho a la propiedad privada y a la herencia.

2. La función social de estos derechos delimitará su contenido, de acuerdo con las leyes.

3. Nadie podrá ser privado de sus bienes y derechos sino por causa justificada de utilidad pública o interés social, mediante la correspondiente indemnización y de conformidad con lo dispuesto por las leyes [38].

34. 1. Se reconoce el derecho de fundación para fines de interés general, con arreglo a la Ley.

2. Regirá también para las fundaciones lo dispuesto en los apartados 2 y 4 del art. 22 [39].

35. 1. Todos los españoles tienen el deber de trabajar y el derecho al trabajo, a la libre elección de profesión u oficio, a la promoción a través del trabajo y a una remuneración suficiente para satisfacer sus necesidades y las de su familia, sin que en ningún caso pueda hacerse discriminación por razón de sexo.

2. La Ley regulará un estatuto de los trabajadores [40].

---

[38] Véanse arts. 348, 657, 744 y ss. CC; Ley del Parlamento de Andalucía, 8/1984, de 3 julio, de Reforma Agraria; Ley 22/1988, de 28 julio, de Costas, derogada parcialmente por disp. derog. única.2 de Ley 16/2002, de 1 de julio; RDLeg. 1/2001, de 20 julio, por el que se aprueba el Texto Refundido de la Ley de Aguas, derogado parcialmente por disp. derog. única de la Ley 16/2002 y modificada, entre otras, por Ley 62/2003, de 30 de diciembre y RDLey 17/2012, de 4 de mayo; RDLey 17/2012, de 4 de mayo, de medidas urgentes en materia de medio ambiente; Ley 16 diciembre 1954, de Expropiación Forzosa; Decreto 26 abril 1957, Reglamento de la Ley de Expropiación Forzosa; Ley 34/1979, de 16 noviembre, sobre fincas manifiestamente mejorables; RDLey 2/1983, de 23 febrero; Ley 7/1983, de 29 junio, sobre Expropiación por razones de utilidad pública e interés social de los Bancos y otras Sociedades que componen el «Grupo Rumasa, SA»; Ley 38/1999, de 5 diciembre, de Ordenación de la Edificación, disp. adic. 5ª, disp. transit. 2ª, disp. derog. 2ª y disp. final 3ª

[39] Véanse art. 35 CC; RD 1337/2005, de 11 de noviembre, por el que se aprueba el Reglamento de Fundaciones de Competencia Estatal de 2005; Ley 50/2002, de 26 diciembre, de Fundaciones; Ley 49/2002, de 23 diciembre, de régimen fiscal de entidades sin fines lucrativos y de los incentivos fiscales al mecenazgo y art. 22 CE

[40] Véanse Ley 3/1989, de 3 marzo, por la que se Amplía a dieciséis semanas el Permiso por Maternidad y se establecen Medidas para favorecer la Igualdad de trato de la Mujer en el trabajo; Ley 8/1992, de 30 abril, de modificación del Régimen de Permisos, a los Adoptantes de un Menor de cinco años, concedidos por las Leyes

36. La Ley regulará las peculiaridades propias del régimen jurídico de los Colegios Profesionales y el ejercicio de las profesiones tituladas. La estructura interna y el funcionamiento de los Colegios deberán ser democráticos [41].

37. 1. La Ley garantizará el derecho a la negociación colectiva laboral entre los representantes de los trabajadores y empresarios, así como la fuerza vinculante de los convenios.

2. Se reconoce el derecho de los trabajadores y empresarios a adoptar medidas de conflicto colectivo. La Ley que regule el ejercicio de este derecho, sin perjuicio de las limitaciones que pueda establecer, incluirá las garantías precisas para asegurar el funcionamiento de los servicios esenciales de la comunidad [42].

8/1980, del Estatuto de los Trabajadores, y 30/1984, de Medidas para la Reforma de la Función Pública; RDLeg. 2/2015, de 23 octubre, por el que se aprueba el Texto refundido de la Ley del Estatuto de los Trabajadores; RDLeg. 5/2000, de 4 agosto, por el que se aprueba el Texto Refundido de la Ley sobre Infracciones Sociales y Sanciones en el Orden Social; Ley 12/2001, de 9 julio, de Medidas Urgentes de Reforma del Mercado de Trabajo para el incremento del empleo y la mejora de su calidad; Ley 56/2003, de 16 diciembre, de Empleo; Ley 20/2007, de 11 julio, del Estatuto del Trabajo Autónomo; Ley 25/2009, de 22 de diciembre, de modificación de diversas leyes para su adaptación a la Ley sobre libre acceso a las actividades de servicio y su ejercicio; Ley 32/2010, de 5 de agosto por la que se establece un sistema de protección por cese de actividad de los trabajadores autónomos; RDLey 3/2012, de 10 de febrero, de medidas urgentes para la reforma del mercado laboral; Ley 3/2012, de 6 de julio, de medidas urgentes para la reforma del mercado laboral y arts. 14, 36 y 40 CE

[41] Véanse Ley 2/1974, de 13 febrero, de Colegios Profesionales, modificada por la Ley 74/1978, de 26 diciembre; art. 15 Ley 12/1983, de 14 octubre, del Proceso Autonómico; RDLeg. 1/2011, de 1 de julio, por el que se aprueba el texto refundido de la Ley de Auditoría de Cuentas; Ley 7/1997, de 14 abril, de Medidas Liberalizadas en materia de Suelo y Colegios Profesionales, derogada parcialmente; art. 39 RDLey 6/2000, de 23 junio, de Medidas Urgentes de Intensificación de la Competencia en Mercados de Bienes y Servicios, modificada por Ley 25/2009, de 22 de diciembre; Ley 44/2003, de 21 noviembre, de ordenación de las profesiones sanitarias; Ley 25/2009, de 22 de diciembre, de modificación de diversas leyes para su adaptación a la Ley sobre libre acceso a las actividades de servicios y su ejercicio

[42] Véanse Convenio OIT núm. 98 adoptado el 1 julio 1949, ratificado por Instrumento de 13 abril 1977; Convenio OIT núm. 154 adoptado en Ginebra el 19 junio 1981, ratificado por Instrumento, de 26 julio 1985; arts. 12 a 26 RDLey 17/1977, de 4 marzo, sobre Relaciones de Trabajo; Ley 9/1987, de 12 junio, de Órganos de Representación, determinación de las Condiciones de Trabajo y Participación del Personal al servicio de las Administraciones Públicas, modificada por las Leyes 7/1990, de 19 julio y 18/1994, de 30 junio; RD 1846/1994, de 9 septiembre, por el que se aprueba el Reglamento de elecciones a los órganos de representación del

38. Se reconoce la libertad de empresa en el marco de la economía de mercado.

Los poderes públicos garantizan y protegen su ejercicio y la defensa de la productividad, de acuerdo con las exigencias de la economía general y, en su caso, de la planificación [43].

CAPÍTULO III
De los principios rectores de la política social y económica

39. 1. Los poderes públicos aseguran la protección social, económica y jurídica de la familia.

2. Los poderes públicos aseguran, asimismo, la protección integral de los hijos, iguales éstos ante la Ley con independencia de su filiación, y de las madres, cualquiera que sea su estado civil. La Ley posibilitará la investigación de la paternidad.

---

personal al servicio de la Administración General del Estado; arts. 4.1 c) y 82 a 92 RDLeg. 2/2015, de 23 octubre, por el que se aprueba el texto refundido de la Ley del Estatuto de los Trabajadores; Ley 14/2005, de 1 julio, sobre las cláusulas de los Convenios Colectivos referidas al cumplimiento de la edad ordinaria de jubilación; RD 718/2005, de 20 junio, por el que se aprueba el procedimiento de extensión de convenios colectivos; Ley 21/2006, de 20 junio, por la que se modifica la Ley 9/1987, de 12 junio; RDLey 7/2011, de 10 de junio, de medidas urgentes para la reforma de la negociación colectiva; y arts. 7 y 28 CE

[43] Véanse art. 2 Ley 21/1992, de 16 julio, de Industria, modificada por art. 13.1 de Ley 25/2009, de 22 de diciembre; Ley 7/1996, de 15 enero, de Ordenación del Comercio Minorista, modificada por Ley 1/2010, de 1 de marzo; LO 2/1996, de 15 enero, complementaria de la de Ordenación de Comercio Minorista, derogado parcialmente por disp. derog. de Ley 1/2004, de 21 de diciembre; Ley 13/1998, de 4 mayo, de Ordenación del Mercado de Tabacos y normativa tributaria, modificada parcialmente, entre otras, por Ley 25/2009, de 22 de diciembre; art. 38 RDLey 6/2000, de 23 junio, de Medidas Urgentes de Intensificación de la Competencia en Mercados de Bienes y Servicios, modificada por Ley 25/2009, de 22 de diciembre; Ley 1/2002, de 21 febrero, de Coordinación de las Competencias del Estado y de las Comunidades Autónomas en materia de Defensa de la Competencia; Ley 32/2006, de 18 octubre, reguladora de la subcontratación en el Sector de la Construcción, modificada por Ley 25/2009, de 22 de diciembre; Ley 15/2007, de 3 julio, de Defensa de la Competencia; Ley 38/2007, de 16 noviembre, que modifica el Estatuto de los Trabajadores en materia de información y consulta de los trabajadores y en materia de protección de los trabajadores asalariados en caso de insolvencia del empresario; arts. 27 y 28 y disps. final 2ª y 3ª RDLey 20/2012, de 13 de julio, de medidas para garantizar la estabilidad presupuestaria y de fomento de la competitividad; y art. 128 CE

3. Los padres deben prestar asistencia de todo orden a los hijos habidos dentro o fuera del matrimonio, durante su minoría de edad y en los demás casos en que legalmente proceda.

4. Los niños gozarán de la protección prevista en los acuerdos internacionales que velan por sus derechos [44].

40. 1. Los poderes públicos promoverán las condiciones favorables para el progreso social y económico y para una distribución de la renta regional y personal más equitativa, en el marco de una política de estabilidad económica. De manera especial realizarán una política orientada al pleno empleo.

2. Asimismo, los poderes públicos fomentarán una política que garantice la formación y readaptación profesionales; velarán por la seguridad e higiene en el trabajo y garantizarán el descanso necesario, mediante la limitación de la jornada laboral, las vacaciones periódicas retribuidas y la promoción de centros adecuados [45].

---

[44] Véanse art. 127 CC; Ley 11/1981, de 13 mayo, de modificación del Código Civil en materia de Filiación, Patria Potestad y Régimen Económico del Matrimonio; art. 14.4 Pacto Internacional sobre Derechos Civiles y Políticos de 19 diciembre 1966, Instrumento de ratificación de 13 abril 1977; Convención de las Naciones Unidas sobre Derechos del Niño, de 20 noviembre 1959, ratificado por Instrumento de 30 noviembre 1990; LO 1/1996, de 15 enero, de Protección Jurídica del Menor, de modificación parcial del Código Civil y de la Ley de Enjuiciamiento Civil; Ley 39/1999, de 5 noviembre, para promover la conciliación de la vida familiar y laboral de las personas trabajadoras; Ley 8/1998, de 14 abril, de ampliación del concepto de familia numerosa; RDLey 1/2000, de 14 enero, sobre determinadas medidas de mejora de la protección familiar de la Seguridad Social; LO 5/2000, de 12 enero, reguladora de la responsabilidad penal de los menores; Ley 40/2003, de 18 noviembre, de Protección de las familias numerosas; Ley 13/2005, de 1 julio, por la que se modifica el Código Civil en materia de derecho a contraer matrimonio; Ley 14/2007, de 3 julio, de Investigación Biomédica, modificada por disp. final 8.1 de Ley 14/2011, de 1 de junio; y art. 53.3 CE

[45] Véanse Ley 56/2003, de 16 diciembre, de Empleo; Ley 1/1986, de 7 enero, por el que se crea el Consejo General de Formación Profesional; RDLey. 5/2000, de 4 agosto, que aprueba el texto refundido de la Ley sobre Infracciones y Sanciones en el Orden Social; Ley 22/1992, de 30 julio, de Medidas Urgentes sobre Fomento del Empleo y Protección por Desempleo, disp. adic. 6ª derogada por RDLeg. 1/1994, de 20 junio; RDLeg. 8/2015 de 30 octubre, por el que se aprueba el texto refundido de la Ley General de la Seguridad Social; RDLeg. 2/2015 de 23 octubre, por el que se aprueba el texto refundido de la Ley del Estatuto de los Trabajadores; Ley 31/1995, de 8 noviembre, de Prevención de Riesgos Laborales; Ley 54/2003, de 12 diciembre, de reforma del marco normativo de la prevención de riesgos laborales; Ley 19/1997, de 9 junio, por la que se modifica la Ley 1/1986; Ley 17/2011, de 5 de julio, de seguridad alimentaria y nutrición; RDLey 3/2012, de 10 de febrero, de medidas urgentes para la

41. Los poderes públicos mantendrán un régimen público de Seguridad Social para todos los ciudadanos que garantice la asistencia y prestaciones sociales suficientes ante situaciones de necesidad, especialmente en caso de desempleo. La asistencia y prestaciones complementarias serán libres [46].

42. El Estado velará especialmente por la salvaguardia de los derechos económicos y sociales de los trabajadores españoles en el extranjero y orientará su política hacia su retorno [47].

43. 1. Se reconoce el derecho a la protección de la salud.

---

reforma del mercado laboral; RDLey 16/2012, de 20 abril, de medidas urgentes para garantizar la sostenibilidad del Servicio Nacional de Salud

[46] Véanse Decreto 2065/1974, de 30 mayo, por el que se aprueba el texto refundido de la Ley General de la Seguridad Social, en lo no modificado por RDLeg. 1/1994, de 20 junio; RDLeg. 8/2015 de 30 octubre, por el que se aprueba el texto refundido de la Ley General de la Seguridad Social; Instrumento de ratificación del Código Europeo de la Seguridad Social, hecho en Estrasburgo el 16 abril 1964; RD 1391/1995, de 4 agosto, por el que se aprueba el Reglamento de Gestión Financiera de la Seguridad Social; RD 2064/1995, de 22 diciembre, por el que se aprueba el Reglamento General sobre Liquidación y Cotización de otros Derechos de la Seguridad Social; Ley 24/1997, de 15 julio, de consolidación y racionalización del Sistema de la Seguridad Social; Ley 45/2002, de 12 diciembre, de medidas urgentes para la reforma del sistema de protección de desempleo y mejora de la ocupabilidad; Ley 28/2003, de 29 septiembre, reguladora del Fondo de Reserva de la Seguridad Social; Ley 8/2005, de 6 junio, para compatibilizar las pensiones de invalidez en su modalidad no contributiva con el trabajo remunerado; Ley 9/2005, 6 junio, para compatibilizar las pensiones del Seguro Obligatorio de Vejez e Invalidez (SOVI) con las pensiones de viudedad del sistema de la Seguridad Social; Ley 37/2006, de 7 diciembre, relativa a la inclusión en el Régimen General de la Seguridad Social y a la extensión de protección por desempleo a determinados cargos públicos y sindicales; Ley 18/2007, de 4 julio, por la que se procede a la integración de los trabajadores por cuenta propia del Régimen Especial Agrario de la Seguridad Social en el Régimen Especial de la Seguridad Social de los Trabajadores por Cuenta Propia o Autónomos; Ley 42/2010, de 30 de diciembre, por la que se modifica la Ley 28/2005, de 26 de diciembre, de medidas sanitarias frente al tabaquismo, reguladora de la venta, suministro, consumo y publicad de los productos del tabaco; Ley 27/2011, de 1 de agosto, sobre actualización, adecuación y modernización del sistema de Seguridad Social; RDLey 3/2012, de 10 de febrero, de medidas urgentes para la reforma del mercado laboral; y arts. 9.2; 14; 50 y 149.1.7 CE

[47] Véanse Instrumento de ratificación de 29 de abril de 1980 del Convenio Europeo relativo al Estatuto Jurídico del Trabajador Migrante de 24 noviembre 1977; Orden de 15 enero 1988, reguladora de los programas de actuación en favor de los Emigrantes; RD 667/1999, de 23 abril, por el que se modifica el RD 728/1993, de 14 mayo, por el que se establecen pensiones asistenciales por ancianidad en favor de los emigrantes españoles; Ley 40/2006, de 14 diciembre, del Estatuto de la ciudadanía española en el exterior

2. Compete a los poderes públicos organizar y tutelar la salud pública a través de medidas preventivas y de las prestaciones y servicios necesarios.

La Ley establecerá los derechos y deberes de todos al respecto [48].

3. Los poderes públicos fomentarán la educación sanitaria, la educación física y el deporte. Asimismo facilitarán la adecuada utilización del ocio [49].

44. 1. Los poderes públicos promoverán y tutelarán el acceso a la cultura, a la que todos tienen derecho.

2. Los poderes públicos promoverán la ciencia y la investigación científica y técnica en beneficio del interés general [50].

45. 1. Todos tienen el derecho a disfrutar de un medio ambiente adecuado para el desarrollo de la persona, así como el deber de conservarlo.

2. Los poderes públicos velarán por la utilización racional de todos los recursos naturales, con el fin de proteger y mejorar la calidad de la vida y defender y restaurar el medio ambiente, apoyándose en la indispensable solidaridad colectiva.

---

[48] Véanse Ley 33/2011 de 4 octubre, General de Salud Pública y Ley 17/2011, de 5 de julio, de seguridad alimentaria y nutrición

[49] Véanse LO 3/1986, de 14 abril, de medidas especiales en materia de Salud Pública; Ley 14/1986, de 25 abril, General de Sanidad; Ley 10/1990, de 15 octubre, del Deporte; RD 63/1995, de 20 enero, sobre ordenación de Prestaciones Sanitarias del Sistema Nacional de Salud; arts. 4 y 8 Ley 41/2002, de 14 noviembre, básica reguladora de la autonomía del paciente y de derechos y obligaciones en materia de información y documentación clínica; Ley 16/2003, de 28 mayo, de cohesión y calidad del Sistema Nacional de Salud; Ley 44/2003, de 21 noviembre, de ordenación de las profesiones sanitarias; Ley 55/2003, de 16 diciembre, del Estatuto Marco del personal estatutario de los servicios de salud; LO 7/2006, de 21 noviembre, de protección de la Salud y de la lucha contra el dopaje en el deporte; Ley 29/2006, de 26 julio, de garantías y uso racional de los medicamentos y productos sanitarios; Ley 17/2011, de 5 de julio, de seguridad alimentaria y nutrición; RDLey 16/2012, de 20 abril, de medidas urgentes para garantizar la sostenibilidad del Sistema Nacional de Salud y mejorar la calidad y seguridad de sus prestaciones; y arts. 41, 148.1.21 y 149.1.16 CE

[50] Véanse Ley 15/2001, de 9 julio, de fomento y promoción de la cinematografía y el sector audiovisual; Ley 14/2011, de 1 de junio, de Ciencia, Tecnología e Innovación; y arts. 20.1.b), 148.1.17 y 149.2 CE

3. Para quienes violen lo dispuesto en el apartado anterior, en los términos que la Ley fije se establecerán sanciones penales o, en su caso, administrativas, así como la obligación de reparar el daño causado [51].

46. Los poderes públicos garantizarán la conservación y promoverán el enriquecimiento del patrimonio histórico, cultural y artístico de los pueblos de España y de los bienes que lo integran, cualquiera que sea su régimen jurídico y su titularidad. La Ley penal sancionará los atentados contra este patrimonio [52].

47. Todos los españoles tienen derecho a disfrutar de una vivienda digna y adecuada. Los poderes públicos promoverán las condiciones

---

[51] Véanse arts. 325 a 331 y 338 a 340 CP; art. 1908 CC; Decreto 2414/1961, de 30 noviembre, de Actividades Molestas, Insalubres, Nocivas y Peligrosas, derogado por Ley 34/2007, de 15 noviembre, de calidad del aire y protección de la atmósfera, (Vid. vigencia para Comunidades y Ciudades Autónomas en disp. derog. única); Leyes 40/1997 y 41/1997, de 5 noviembre, por las que se reforma de la Ley 4/1989, de 27 marzo, de Conservación de los Espacios Naturales y de la Flora y Fauna Silvestres; Ley 10/2001, de 5 julio, del Plan Hidrológico Nacional, modificada por Ley 11/2005, de 22 de junio; RDLeg. 1/2001, de 20 julio, por el que se aprueba el Texto Refundido de la Ley de Aguas, modificada entre otras por Ley 16/2002, de 1 de julio, Ley 62/2003, de 30 de diciembre, 25/2009, de 22 de diciembre, RDLey 8/2011, de 1 de julio y RD 17/2012, de 4 de mayo; Ley 31/2003, de 27 octubre, de conservación de la fauna silvestre en los parques zoológicos; Ley 37/2003, de 17 noviembre, del ruido, modificada por RDLey 8/2011, de 1 de julio; Ley 9/2006, de 28 abril, sobre evaluación de los efectos de determinados planes y programas en el medio ambiente; Ley 27/2006, de 18 julio, por el que se regulan los derechos de acceso a la información, de participación pública y de acceso a la justicia de medio ambiente; Ley 1/2007, de 2 marzo, de declaración del Parque Nacional de Monfragüe; Ley 5/2007, de 3 abril, de la Red de Parques Nacionales; Ley 26/2007, de 23 octubre, de Responsabilidad Medioambiental; Ley 34/2007, de 15 noviembre, de Calidad del aire y protección de la atmósfera; Ley 42/2007, de 13 diciembre, que establece números de protección, conservación, restauración y mejora de los Espacios Naturales y de la Flora y Fauna Silvestres; RD 1274/2011, de 16 de septiembre, por el que se prueba el Plan estratégico del patrimonio natural y de la biodiversidad 2011-2017, en aplicación de la Ley 42/2007; Ley 21/2013, de 9 de diciembre, de evaluación ambiental; art. 2 Ley 7/2022, de 8 de abril, de residuos y suelos contaminados para una economía circular, RDLey 17/2012, de 4 de mayo, de medidas urgentes en materia de medio ambiente; y art. 149.1.1 y 149.1.23 CE

[52] Véanse Ley 16/1985, de 25 junio, del Patrimonio Histórico Español, modificada parcialmente por las Leyes 30/1994, de 24 noviembre, de Fundaciones y de Incentivos Fiscales a la participación privada en actividades de interés general y 42/1994, de 30 diciembre, de Medidas Fiscales, Administrativas y de Orden Social; Ley 1/2017, de 18 de abril, sobre restitución de bienes culturales que hayan salido de forma ilegal del territorio español o de otro Estado miembro de la Unión Europea, por la que se incorpora al ordenamiento español la Directiva 2014/60/UE, del Parlamento Europeo y del Consejo de 15 de mayo de 2014; arts. 321, 322, 323 y 324 CP LO 10/1995, de 23 noviembre; y art. 149.2 CE

necesarias y establecerán las normas pertinentes para hacer efectivo este derecho, regulando la utilización del suelo de acuerdo con el interés general para impedir la especulación.

La comunidad participará en las plusvalías que genere la acción urbanística de los entes públicos [53].

48. Los poderes públicos promoverán las condiciones para la participación libre y eficaz de la juventud en el desarrollo político, social, económico y cultural [54].

49. [55] 1. Las personas con discapacidad ejercen los derechos previstos en este Título en condiciones de libertad e igualdad reales y efectivas. Se regulará por ley la protección especial que sea necesaria para dicho ejercicio.

2. Los poderes públicos impulsarán las políticas que garanticen la plena autonomía personal y la inclusión social de las personas con discapacidad, en entornos universalmente accesibles. Asimismo, fomentarán la participación de sus organizaciones, en los términos que la ley establezca. Se atenderán particularmente las necesidades específicas de las mujeres y los menores con discapacidad. [56]

---

[53] Véanse RDLey 12/1980, de 26 septiembre, para impulsar la actuación del Estado en materia de vivienda y suelo; Ley 29/1994, de 24 noviembre, de Arrendamientos Urbanos; RDLey 5/1996, de 7 junio, de Medidas Liberalizadoras en materia de Suelo y de Colegios Profesionales; Ley 7/1997, de 14 abril, de Medidas Liberalizadoras en materia de Suelo y de Colegios Profesionales; RDLeg 2/2008, de 20 junio, texto refundido de la Ley de Suelo, modificado por RDLey 8/2011, de 1 de julio; RD 2066/2008, de 12 diciembre, que regula el Plan Estatal de Vivienda y Rehabilitación 2009-2012; Ley 26/2007, de 23 octubre, de Responsabilidad Medioambiental; Ley 19/2009, de 23 de noviembre, de medidas de fomento y agilización procesal del alquiler y de le eficiencia energética de los edificios; RD 753/2011, de 27 de mayo, por el que se dispone la formación de los censos de población y viviendas de 2011; RDL 8/2011, de 1 de julio, de Medidas de apoyo a los deudores hipotecarios, de control del gasto público y cancelación de deudas con empresas y autónomos contraídas por las entidades locales, de fomento de la actividad empresarial e impulso de la rehabilitación y de simplificación administrativa; y art. 149.1.13 CE

[54] Véanse Ley 18/1983, de 16 noviembre, del Consejo de la Juventud de España; Ley 6/1996, de 15 enero, que regula el voluntariado social

[55] Dada nueva redacción por art. único de Reforma de 15 de febrero de 2024, con vigencia desde 17/02/2024

[56] Véanse Ley 13/1982, de 7 abril, de Integración Social de los Minusválidos; arts. 16 y 18 Ley 3/1990, de 21 junio, de modificación de la Ley 49/1960, de 21

50. Los poderes públicos garantizarán, mediante pensiones adecuadas y periódicamente actualizadas, la suficiencia económica a los ciudadanos durante la tercera edad. Asimismo, y con independencia de las obligaciones familiares, promoverán su bienestar mediante un sistema de servicios sociales que atenderán sus problemas específicos de salud, vivienda, cultura y ocio [57].

51. 1. Los poderes públicos garantizarán la defensa de los consumidores y usuarios, protegiendo, mediante procedimientos eficaces, la seguridad, la salud y los legítimos intereses económicos de los mismos.

2. Los poderes públicos promoverán la información y la educación de los consumidores y usuarios, fomentarán sus organizaciones y oirán a éstas en las cuestiones que puedan afectar a aquéllos, en los términos que la Ley establezca.

3. En el marco de lo dispuesto por los apartados anteriores, la Ley regulará el comercio interior y el régimen de autorización de productos comerciales [58].

---

julio, de Propiedad Horizontal para facilitar la adopción de acuerdos que tengan por finalidad la adecuada Habitabilidad de los Disminuidos en su Vivienda;Ley 15/1995, de 30 mayo, sobre Límites del Dominio sobre Inmuebles para Eliminar Barreras Arquitectónicas a las Personas con Discapacidad;Ley 51/2003, de 2 diciembre, de Igualdad de oportunidades y no discriminación y accesibilidad de las personas con discapacidad;Ley 53/2003, de 10 diciembre, de empleo público de discapacitados;Ley 27/2007, de 23 octubre, por el que se reconocen las lenguas de signos españolas y regula los medios de apoyo a la comunicación oral de las personas sordas, con discapacidad auditiva y sordociegas

[57] Véanse RDLeg. 8/2015 de 30 octubre, por el que se aprueba el texto refundido de la LGSS; Ley 35/2002, de 12 julio, de medidas para el establecimiento de un sistema de jubilación gradual y flexible; Ley 4/2005, de 22 abril, sobre efectos en las pensiones no contributivas de los complementos otorgados por las Comunidades Autónomas; RDLey 8/2010, de 20 de mayo, por el que se adoptan medidas extraordinarias para la reducción del déficit público prorrogado en algunos aspectos por el RDLey 20/2011, de 30 de diciembre; Ley 28/2011, de 22 de septiembre, de integración del Régimen Especial Agrario de la Seguridad Social en el Régimen General de SS; y arts. 9.2, 14 y 41 CE

[58] Véanse Ley 34/1988, de 11 noviembre, General de Publicidad (Título IV y la disposición adicional de la Ley derogados por la Ley 29/2009); Ley 3/1991, de 10 enero, de Competencia Desleal; RD 636/1993, de 3 mayo, por el que se regula el Sistema Arbitral de Consumo; Ley 7/1996, de 15 enero, que establece el régimen jurídico general del Comercio Minorista, modificado por RDLeg. 1/2007; Ley 7/1998, de 13 abril, que regula las Condiciones Generales de Contratación, modificada entre otras por LEC (1/2000), Ley 24/2001, de 27 de diciembre, Ley 44/2006, de 29 de diciembre, 13/2009; Ley 28/1998, de 13 julio, que regula la Venta a Plazos de Bienes

52. La Ley regulará las organizaciones profesionales que contribuyan a la defensa de los intereses económicos que les sean propios. Su estructura interna y funcionamiento deberán ser democráticos [59].

CAPÍTULO IV
De las garantías de las libertades y derechos fundamentales

53. 1. Los derechos y libertades reconocidos en el Capítulo segundo del presente Título vinculan a todos los poderes públicos. Sólo por Ley, que en todo caso deberá respetar su contenido esencial, podrá regularse el ejercicio de tales derechos y libertades, que se tutelarán de acuerdo con lo previsto en el art. 161, 1 a).

2. Cualquier ciudadano podrá recabar la tutela de las libertades y derechos reconocidos en el art. 14 y la Sección primera del Capítulo segundo ante los Tribunales ordinarios por un procedimiento basado en los principios de preferencia y sumariedad y, en su caso, a través del recurso de amparo ante el Tribunal Constitucional. Este último recurso será aplicable a la objeción de conciencia reconocida en el art. 30.

Muebles; RD 894/2005, de 22 julio, por el que se regula el Consejo de Consumidores y Usuarios, modificado por RD 487/2009, de 3 de abril; RDLeg. 1/2007, de 16 de noviembre, por el que se aprueba el texto refundido de la Ley General para la Defensa de los Consumidores y Usuarios y otras leyes complementarias, modificado por la Ley 25/2009, de 22 de diciembre y Ley 25/2009, de 30 de diciembre; Ley 29/2009, de 30 de diciembre, por la que se modifica el régimen legal de la competencia desleal y de la publicidad para la mejora de la protección de los consumidores y usuarios; Ley 17/2009, de 23 de noviembre, sobre el libre acceso a las actividades de servicio y su ejercicio, que incorpora a nuestro ordenamiento la Directiva 2006/123/CE del Parlamento Europeo y del Consejo, de 12 de diciembre de 2006, relativa a los servicios en el mercado interior

[59] Véanse Ley 18/2005, de 30 septiembre, por la que se deroga la Ley 23/1986, de 24 diciembre, de Bases del Régimen jurídico de las Cámaras Agrarias; Ley 3/1993, de 22 marzo, básica de las Cámaras Oficiales de Comercio, Industria y Navegación, modificada por RDLey 13/2010, de 3 de diciembre y por RDLey 5/2012, de 5 de marzo; RDLey 8/1994, de 5 agosto, que suprime las Cámaras Oficiales de la Propiedad Urbana y su Consejo Superior como Corporaciones de Derecho Público y establece el régimen y destino del patrimonio y personal de las mismas; art. 4 y disp. trans. 1ª RDLey 13/2010, de 3 de diciembre, de actuaciones en el ámbito fiscal, laboral y liberalizadoras para fomentar la inversión y el empleo; art. 47.3 Ley 2/2011, de 4 de marzo, de Economía Sostenible; disp. final 1ª RDLey 5/2012, de 5 de marzo, de mediación en asunto civiles y mercantiles

3. El reconocimiento, el respeto y la protección de los principios reconocidos en el Capítulo tercero informarán la legislación positiva, la práctica judicial y la actuación de los poderes públicos. Sólo podrán ser alegados ante la Jurisdicción ordinaria de acuerdo con lo que dispongan las leyes que los desarrollen [60].

54. Una Ley orgánica regulará la institución del Defensor del Pueblo, como alto comisionado de las Cortes Generales, designado por éstas para la defensa de los derechos comprendidos en este Título, a cuyo efecto podrá supervisar la actividad de la Administración, dando cuenta a las Cortes Generales [61].

CAPÍTULO V
De la suspensión de los derechos y las libertades

55. 1. Los derechos reconocidos en los arts. 17, 18, apartados 2 y 3, arts. 19, 20, apartados 1, a) y d), y 5, arts. 21, 28, apartado 2, y art. 37, apartado 2, podrán ser suspendidos cuando se acuerde la declaración del estado de excepción o de sitio en los términos previstos en la Constitución. Se exceptúa de lo establecido anteriormente el apartado 3 del art. 17 para el supuesto de declaración de estado de excepción.

2. Una Ley orgánica podrá determinar la forma y los casos en los que, de forma individual y con la necesaria intervención judicial y el adecuado control parlamentario, los derechos reconocidos en los arts. 17, apartado 2, y 18, apartados 2 y 3, pueden ser suspendidos para

---

[60] Véanse arts. 114-129 LRJCA; arts. 41 a 58 y disp. transit. 2ª LO 2/1979, de 3 octubre, del Tribunal Constitucional; disp. derog. LO 1/1992, de 21 febrero, sobre Protección de la Seguridad Ciudadana; y arts. 9.1, 10, 24.1, 55, 81.1 y 161 a 165 CE

[61] Véanse art. 200 RCD; LO 3/1981, de 6 abril, del Defensor del Pueblo; arts. 3, 8, 11, 12, 13 y 16 Reglamento Organización y Funcionamiento del Defensor del Pueblo, de 6 abril 1983, modificado por Resolución de 21 abril 1992 de la Mesa del Congreso y Senado; Ley 36/1985, de 6 noviembre, por el que se regulan las relaciones entre la Institución del Defensor del Pueblo y las figuras similares en las distintas Comunidades Autónomas; arts. 2.2 y 3; 10.2 y 22.3 LO 2/1992, de 5 marzo, de modificación de la LO 3/1981, de 6 abril, a efectos de constituir una Comisión Mixta Congreso-Senado de Relaciones con el Defensor del Pueblo; art. 101 Ley 42/1999, de 25 noviembre, que establece el Régimen del Personal del Cuerpo de la Guardia Civil, modificada por LO 12/2007, de 22 de octubre; y arts. 70.1 c) y 162.1 CE

personas determinadas, en relación con las investigaciones correspondientes a la actuación de bandas armadas o elementos terroristas.

La utilización injustificada o abusiva de las facultades reconocidas en dicha Ley orgánica producirá responsabilidad penal, como violación de los derechos y libertades reconocidos por las leyes [62] .

TÍTULO II
De la Corona

56. 1. El Rey es el Jefe del Estado, símbolo de su unidad y permanencia, arbitra y modera el funcionamiento regular de las instituciones, asume la más alta representación del Estado español en las relaciones internacionales, especialmente con las naciones de su comunidad histórica, y ejerce las funciones que le atribuyen expresamente la Constitución y las leyes.

2. Su título es el de Rey de España y podrá utilizar los demás que correspondan a la Corona.

3. La persona del Rey es inviolable y no está sujeta a responsabilidad. Sus actos estarán siempre refrendados en la forma establecida en el art. 64 careciendo de validez sin dicho refrendo, salvo lo dispuesto en el art. 65.2 [63] .

57. 1. La Corona de España es hereditaria en los sucesores de S. M. Don Juan Carlos I de Borbón, legítimo heredero de la dinastía histórica. La sucesión en el trono seguirá el orden regular de primogenitura y representación, siendo preferida siempre la línea anterior a las posteriores; en la misma línea, el grado más próximo al más remoto; en el mismo grado, el varón a la mujer, y en el mismo sexo, la persona de más edad a la de menos.

---

[62] Véanse LO 4/1981, de 1 junio, de los Estados de Alarma, Excepción y Sitio; art. 384 bis LO 4/1988, de 25 mayo, de reforma de la Ley de Enjuiciamiento Criminal; Ley 32/1999, de 8 octubre, de Solidaridad con las Víctimas del Terrorismo; Ley 10/2010, de 28 de abril, de prevención del blanqueo de capitales y de la financiación del terrorismo; Ley 29/2011, de 22 de septiembre, de reconocimiento y protección integral a las víctimas del terrorismo; y arts. 17, 18.2 y 3, 19, 20.1 a) y 5, 21, 22, 28.2, 37.2 y 116 CE

[63] Véanse RD 1368/1987, de 6 noviembre, sobre régimen de títulos, tratamientos y honores de la Familia Real y de los Regentes; y arts. 1.3º, 62, 63, 64, 91 y 99 CE

2. El Príncipe heredero, desde su nacimiento o desde que se produzca el hecho que origine el llamamiento, tendrá la dignidad de Príncipe de Asturias y los demás títulos vinculados tradicionalmente al sucesor de la Corona de España.

3. Extinguidas todas las líneas llamadas en Derecho, las Cortes Generales proveerán a la sucesión en la Corona en la forma que más convenga a los intereses de España.

4. Aquellas personas que teniendo derecho a la sucesión en el trono contrajeran matrimonio contra la expresa prohibición del Rey y de las Cortes Generales, quedarán excluidas en la sucesión a la Corona por sí y sus descendientes.

5. Las abdicaciones y renuncias y cualquier duda de hecho o de derecho que ocurra en el orden de sucesión a la Corona se resolverán por una Ley orgánica [64].

58. La Reina consorte o el consorte de la Reina no podrán asumir funciones constitucionales, salvo lo dispuesto para la Regencia [65].

59. 1. Cuando el Rey fuere menor de edad, el padre o la madre del Rey y, en su defecto, el pariente mayor de edad más próximo a suceder en la Corona, según el orden establecido en la Constitución, entrará a ejercer inmediatamente la Regencia y la ejercerá durante el tiempo de la minoría de edad del Rey.

2. Si el Rey se inhabilitare para el ejercicio de su autoridad y la imposibilidad fuere reconocida por las Cortes Generales, entrará a ejercer inmediatamente la Regencia el Príncipe heredero de la Corona, si fuere mayor de edad. Si no lo fuere, se procederá de la manera prevista en el apartado anterior, hasta que el Príncipe heredero alcance la mayoría de edad.

---

[64] Véanse RD 2917/1981, de 27 noviembre, sobre Registro Civil de la Familia Real; RD 1368/1987, de 6 noviembre, sobre régimen de títulos, tratamientos y honores de la Familia Real y de los Regentes; RD 284/2001, de 16 marzo, por el que se crea el guión y el estandarte de Su Alteza Real el Príncipe de Asturias, y se modifica el Reglamento de Banderas y Estandartes, Guiones, Insignias y Distintivos, aprobado por RD 1511/1977, de 21 enero

[65] Véanse RD 2917/1981, de 27 noviembre, sobre Registro Civil de la Familia Real; RD 1368/1987, de 6 noviembre, sobre régimen de títulos, tratamientos y honores de la Familia Real y de los Regentes; y arts. 57 y 59 CE

3. Si no hubiere ninguna persona a quien corresponda la Regencia, ésta será nombrada por las Cortes Generales, y se compondrá de una, tres o cinco personas.

4. Para ejercer la Regencia es preciso ser español y mayor de edad.

5. La Regencia se ejercerá por mandato constitucional y siempre en nombre del Rey [66].

60. 1. Será tutor del Rey menor la persona que en su testamento hubiese nombrado el Rey difunto, siempre que sea mayor de edad y español de nacimiento; si no lo hubiese nombrado, será tutor el padre o la madre, mientras permanezcan viudos. En su defecto, lo nombrarán las Cortes Generales, pero no podrán acumularse los cargos de Regente y de tutor sino en el padre, madre o ascendientes directos del Rey.

2. El ejercicio de la tutela es también incompatible con el de todo cargo o representación política [67].

61. 1. El Rey, al ser proclamado ante las Cortes Generales, prestará juramento de desempeñar fielmente sus funciones, guardar y hacer guardar la Constitución y las leyes y respetar los derechos de los ciudadanos y de las Comunidades Autónomas.

2. El Príncipe heredero, al alcanzar la mayoría de edad, y el Regente o Regentes al hacerse cargo de sus funciones, prestarán el mismo juramento, así como el de fidelidad al Rey [68].

62. Corresponde al Rey:

a) Sancionar y promulgar las leyes.

b) Convocar y disolver las Cortes Generales y convocar elecciones en los términos previstos en la Constitución.

c) Convocar a referéndum en los casos previstos en la Constitución.

d) Proponer el candidato a Presidente del Gobierno y, en su caso, nombrarlo, así como poner fin a sus funciones en los términos previstos en la Constitución.

---

[66] Véanse arts. 57, 58, 61 y 74 CE
[67] Véanse arts. 56, 57, 58, 59 y 74 CE
[68] Véanse arts. 9, 56, 57, 62, 72 y 74 CE

e) Nombrar y separar a los miembros del Gobierno, a propuesta de su Presidente.

f) Expedir los decretos acordados en el Consejo de Ministros, conferir los empleos civiles y militares y conceder honores y distinciones con arreglo a las leyes.

g) Ser informado de los asuntos de Estado y presidir, a estos efectos, las sesiones del Consejo de Ministros, cuando lo estime oportuno, a petición del Presidente del Gobierno.

h) El mando supremo de las Fuerzas Armadas.

i) Ejercer el derecho de gracia con arreglo a la Ley, que no podrá autorizar indultos generales.

j) El Alto Patronazgo de las Reales Academias [69].

63. 1. El Rey acredita a los embajadores y otros representantes diplomáticos.

Los representantes extranjeros en España están acreditados ante él.

2. Al Rey corresponde manifestar el consentimiento del Estado para obligarse internacionalmente por medio de tratados, de conformidad con la Constitución y las leyes.

3. Al Rey corresponde, previa autorización de las Cortes Generales, declarar la guerra y hacer la paz [70].

64. 1. Los actos del Rey serán refrendados por el Presidente del Gobierno y, en su caso, por los Ministros competentes. La propuesta y el nombramiento del Presidente del Gobierno, y la disolución prevista en el art. 99 serán refrendados por el Presidente del Congreso.

2. De los actos del Rey serán responsables las personas que los refrenden [71].

65. 1. El Rey recibe de los Presupuestos del Estado una cantidad global para el sostenimiento de su Familia y Casa, y distribuye libremente la misma.

---

[69] Véanse arts. 8, 56, 64, 91, 92, 97, 98, 99, 100, 113, 114 y 115 CE

[70] Véanse arts. 8, 56, 94, 95 y 96 CE

[71] Véanse arts. 56, 97, 99, 102 y 113 CE

2. El Rey nombra y releva libremente a los miembros civiles y militares de su Casa [72].

TÍTULO III
De las Cortes Generales

CAPÍTULO PRIMERO
De las Cámaras

66. 1. Las Cortes Generales representan al pueblo español y están formadas por el Congreso de los Diputados y el Senado.

2. Las Cortes Generales ejercen la potestad legislativa del Estado, aprueban sus Presupuestos, controlan la acción del Gobierno y tienen las demás competencias que les atribuya la Constitución.

3. Las Cortes Generales son inviolables [73].

67. 1. Nadie podrá ser miembro de las dos Cámaras simultáneamente, ni acumular el acta de una Asamblea de Comunidad Autónoma con la de Diputado al Congreso.

2. Los miembros de las Cortes Generales no estarán ligados por mandato imperativo.

3. Las reuniones de Parlamentarios que se celebren sin convocatoria reglamentaria no vincularán a las Cámaras, y no podrán ejercer sus funciones ni ostentar sus privilegios [74].

---

[72] Véanse Decreto 2942/1975, de 25 noviembre, por el que se crea la Casa de Su Majestad el Rey; RD 434/1988, de 6 mayo, sobre reestructuración de la Casa de SM el Rey, modificado por RD 657/1990, de 25 mayo y RD 1183/2006, de 13 octubre; RD 999/2010, de 5 de agosto, por el que se modifica el RD 434/1988, de 6 de mayo, sobre reestructuración de la Casa de su Majestad el Rey; y art. 56 CE

[73] Véanse RCD, de 10 febrero 1982, reformado el 23 septiembre 1993 y 16 junio 1994; art. 100 RS, Texto Refundido de 3 mayo 1994, modificado el 24 octubre 1995; arts. 499, 500 y 501 CP LO 10/1995, de 23 noviembre; y arts. 1, 6, 67, 68, 69, 134, 150, 151, 166, 167 y 168 CE

[74] Véanse art. 155.3 LO 5/1985, de 19 junio, de Régimen Electoral General; art. 155.4 LO 8/1991, de 13 marzo, de modificación de la Ley de Régimen Electoral General; y arts. 1.2, 6, 23.2, 66, 68, 79 y 152 CE

68. 1. El Congreso se compone de un mínimo de 300 y un máximo de 400 Diputados, elegidos por sufragio universal, libre, igual, directo y secreto, en los términos que establezca la Ley [75].

2. La circunscripción electoral es la provincia. Las poblaciones de Ceuta y Melilla estarán representadas cada una de ellas por un Diputado. La Ley distribuirá el número total de Diputados, asignando una representación mínima inicial a cada circunscripción y distribuyendo los demás en proporción a la población.

3. La elección se verificará en cada circunscripción atendiendo a criterios de representación proporcional.

4. El Congreso es elegido por cuatro años. El mandato de los Diputados termina cuatro años después de su elección o el día de la disolución de la Cámara.

5. Son electores y elegibles todos los españoles que estén en pleno uso de sus derechos políticos.

La Ley reconocerá y el Estado facilitará el ejercicio del derecho de sufragio a los españoles que se encuentren fuera del territorio de España.

6. Las elecciones tendrán lugar entre los treinta días y sesenta días desde la terminación del mandato. El Congreso electo deberá ser convocado dentro de los veinticinco días siguientes a la celebración de las elecciones [76].

69. 1. El Senado es la Cámara de representación territorial.

2. En cada provincia se elegirán cuatro Senadores por sufragio universal, libre, igual, directo y secreto por los votantes de cada una de ellas, en los términos que señale una Ley orgánica.

3. En las provincias insulares, cada isla o agrupación de ellas, con Cabildo o Consejo Insular, constituirá una circunscripción a efectos de elección de Senadores, correspondiendo tres a cada una de las islas mayores -Gran Canaria, Mallorca y Tenerife- y uno a cada una de las siguientes islas o agrupaciones: Ibiza-Formentera, Menorca, Fuerteventura, Gomera, Hierro, Lanzarote y La Palma.

---

[75] Actualmente 350 Diputados, según art. 162.1 LO 5/1985 de 19 junio, del Régimen Electoral General

[76] Véanse arts. 20, 21 y 22 RCD; LO 5/1985, de 19 junio, de Régimen Electoral General

4. Las poblaciones de Ceuta y Melilla elegirán cada una de ellas dos Senadores.

5. Las Comunidades Autónomas designarán además un Senador y otro más por cada millón de habitantes de su respectivo territorio. La designación corresponderá a la Asamblea legislativa o, en su defecto, al órgano colegiado superior de la Comunidad Autónoma, de acuerdo con lo que establezcan los Estatutos, que asegurarán, en todo caso, la adecuada representación proporcional.

6. El Senado es elegido por cuatro años. El mandato de los Senadores termina cuatro años después de su elección o el día de la disolución de la Cámara [77] .

70. 1. La Ley electoral determinará las causas de inelegibilidad e incompatibilidad de los Diputados y Senadores, que comprenderán, en todo caso:

a) A los componentes del Tribunal Constitucional.

b) A los altos cargos de la Administración del Estado que determine la Ley, con la excepción de los miembros del Gobierno.

c) Al Defensor del Pueblo.

d) A los Magistrados, Jueces y Fiscales en activo.

e) A los militares profesionales y miembros de las Fuerzas y Cuerpos de Seguridad y Policía en activo.

f) A los miembros de las Juntas Electorales.

2. La validez de las actas y credenciales de los miembros de ambas Cámaras estará sometida al control judicial, en los términos que establezca la Ley electoral [78] .

71. 1. Los Diputados y Senadores gozarán de inviolabilidad por las opiniones manifestadas en el ejercicio de sus funciones.

2. Durante el período de su mandato los Diputados y Senadores gozarán asimismo de inmunidad y sólo podrán ser detenidos en caso

---

[77] Véanse LO 5/1985, de 19 junio, del Régimen Electoral General; arts. 1, 12 y 18 RS; Reforma del Reglamento del Senado de 4 julio 2005, sobre la ampliación del uso de las Lenguas cooficiales en el Senado; y arts. 2, 23.2, 66, 67, 70, 71 y 81 CE

[78] Véanse arts. 6, 49, 109 a 120 y 155 a 160 LO 5/1985, de 19 junio, del Régimen Electoral General, modificada por la LO 8/1991, de 13 marzo, arts. 19 y 20 RCD; arts. 15, 16 y 17 RS; art. 384 bis LO 4/1988, de 25 mayo, de reforma de la Ley de Enjuiciamiento Criminal; arts. 24.1 y 500 CP LO 10/1995, de 23 noviembre; y art. 23.2 CE

de flagrante delito. No podrán ser inculpados ni procesados sin la previa autorización de la Cámara respectiva.

3. En las causas contra Diputados y Senadores será competente la Sala de lo Penal del Tribunal Supremo.

4. Los Diputados y Senadores percibirán una asignación que será fijada por las respectivas Cámaras [79].

72. 1. Las Cámaras establecen sus propios reglamentos, aprueban autónomamente sus presupuestos y, de común acuerdo, regulan el Estatuto del Personal de las Cortes Generales. Los reglamentos y su reforma serán sometidos a una votación final sobre su totalidad, que requerirá la mayoría absoluta.

2. Las Cámaras eligen sus respectivos Presidentes y los demás miembros de sus Mesas. Las sesiones conjuntas serán presididas por el Presidente del Congreso y se regirán por un Reglamento de las Cortes Generales aprobado por mayoría absoluta de cada Cámara.

3. Los Presidentes de las Cámaras ejercen en nombre de las mismas todos los poderes administrativos y facultades de policía en el interior de sus respectivas sedes [80].

73. 1. Las Cámaras se reunirán anualmente en dos períodos ordinarios de sesiones: el primero, de septiembre a diciembre, y el segundo, de febrero a junio.

2. Las Cámaras podrán reunirse en sesiones extraordinarias a petición del Gobierno, de la Diputación Permanente o de la mayoría absoluta de los miembros de cualquiera de las Cámaras. Las sesiones

---

[79] Vénse Ley 9 febrero 1912, sobre competencia para conocer en las causas contra Senadores y Diputados; arts. 750 a 756 LECrim; arts. 8, 9, 10, 11, 12, 13 y 14 RCD; arts. 20, 22 y 26 RS; arts. 56.2º y 57.2º LOPJ; LO 12/1991, de 10 julio, sobre modificación de los arts. 411, 412, 413, 414, 415, 702 y 703 de la Ley de Enjuiciamiento Criminal; art. 17.2 b Ley 35/2006, de 28 noviembre, Ley del Impuesto sobre la Renta de las Personas Físicas y otras normas tributarias; y arts. 14, 16, 17, 20, 24.1, 66, 72 y 123 CE

[80] Véanse arts. 24 y 30 a 38 RCD; arts. 4 a 13 y 35 a 42 RS; Estatuto del Personal de las Cortes Generales aprobado el 27 marzo 2006; Resolución de 18 de enero de 2011, del Letrado Mayor de las Cortes Generales, por la que se publica la de 21 de diciembre de 2010, de las Mesas del Congreso de los Diputados y del Senado, por la que se crea el Tribunal de Recursos Contractuales de las Cortes Generales; y arts. 66, 68, 69, 79 y 80 CE

extraordinarias deberán convocarse sobre un orden del día determinado y serán clausuradas una vez que éste haya sido agotado [81] .

74. 1. Las Cámaras se reunirán en sesión conjunta para ejercer las competencias no legislativas que el Título II atribuye expresamente a las Cortes Generales.

2. Las decisiones de las Cortes Generales previstas en los arts. 94.1, 145.2 y 158.2 se adoptarán por mayoría de cada una de las Cámaras. En el primer caso, el procedimiento se iniciará por el Congreso, y en los otros dos, por el Senado. En ambos casos, si no hubiera acuerdo entre Senado y Congreso, se intentará obtener por una Comisión Mixta compuesta de igual número de Diputados y Senadores. La Comisión presentará un texto que será votado por ambas Cámaras. Si no se aprueba en la forma establecida, decidirá el Congreso por mayoría absoluta [82] .

75. 1. Las Cámaras funcionarán en Pleno y por Comisiones.

2. Las Cámaras podrán delegar en las Comisiones Legislativas Permanentes la aprobación de proyectos o proposiciones de Ley. El Pleno podrá, no obstante, recabar en cualquier momento el debate y votación de cualquier proyecto o proposición de Ley que haya sido objeto de esta delegación.

3. Quedan exceptuados de lo dispuesto en el apartado anterior la reforma constitucional, las cuestiones internacionales, las leyes orgánicas y de bases y los Presupuestos Generales del Estado [83] .

76. 1. El Congreso y el Senado, y, en su caso, ambas Cámaras conjuntamente, podrán nombrar Comisiones de investigación sobre cualquier asunto de interés público. Sus conclusiones no serán vinculantes para los Tribunales, ni afectarán a las resoluciones judiciales,

---

[81] Véanse arts. 61.2 y 71.1 RCD; arts. 36.1, 69.1, 70, 76 y 77 RS; y arts. 66, 67 y 78 CE

[82] Véanse art. 166 RCD; arts. 137, 138, 139 y 140 RS; Ley 22/2001, de 27 diciembre, reguladora de los Fondos de Compensación Interterritorial, modificada por Ley 23/2009, de 18 de diciembre; y arts. 57.3 y 4, 59.3, 60, 61.2, 94.1, 145.2 y 158 CE

[83] Véanse arts. 40 a 53, 148 y 149 RCD; arts. 49 a 68 y 130 a 132 RS; y arts. 66, 68, 69, 79, 80, 81, 82, 134, 150, 167 y 168 CE

sin perjuicio de que el resultado de la investigación sea comunicado al Ministerio Fiscal para el ejercicio, cuando proceda, de las acciones oportunas.

2. Será obligatorio comparecer a requerimiento de las Cámaras. La Ley regulará las sanciones que puedan imponerse por incumplimiento de esta obligación [84] .

77. 1. Las Cámaras pueden recibir peticiones individuales y colectivas, siempre por escrito, quedando prohibida la presentación directa por manifestaciones ciudadanas.

2. Las Cámaras pueden remitir al Gobierno las peticiones que reciban. El Gobierno está obligado a explicarse sobre su contenido, siempre que las Cámaras lo exijan [85] .

78. 1. En cada Cámara habrá una Diputación Permanente compuesta por un mínimo de veintiún miembros, que representarán a los grupos parlamentarios, en proporción a su importancia numérica.

2. Las Diputaciones Permanentes estarán presididas por el Presidente de la Cámara respectiva y tendrán como funciones la prevista en el art. 73, la de asumir las facultades que correspondan a las Cámaras, de acuerdo con los arts. 86 y 116, en caso de que éstas hubieran sido disueltas o hubiere expirado su mandato y la de velar por los poderes de las Cámaras cuando éstas no estén reunidas.

3. Expirado el mandato o en caso de disolución, las Diputaciones Permanentes seguirán ejerciendo sus funciones hasta la constitución de las nuevas Cortes Generales.

[84] Véanse art. 52 RCD; arts. 59 y 60 RS; LO 5/1984, de 24 mayo, de Comparecencia ante las Comisiones de Investigación del Congreso y del Senado o de ambas Cámaras [art. 4 derogado por disp. derog. 1 f) de LO 10/1995, de 23 noviembre, Código Penal]; RDLey 5/1994, de 29 abril, por el que se regula la obligación de comunicación de determinados datos a requerimiento de las Comisiones Parlamentarias de Investigación; art. 502.1 CP LO 10/1995, de 23 noviembre

[85] Véanse disp. adic 1ª LO 4/2001, de 12 noviembre, reguladora del Derecho de Petición, modificada por la LO 9/2011, de 27 de julio; arts. 46.2 y 49 RCD; arts. 49.2, 192, 193, 194 y 195 RS; y art. 29 (Vid nota bibliográfica en el art. 29) CE

4. Reunida la Cámara correspondiente, la Diputación Permanente dará cuenta de los asuntos tratados y de sus decisiones [86].

79. 1. Para adoptar acuerdos, las Cámaras deben estar reunidas reglamentariamente y con asistencia de la mayoría de sus miembros.

2. Dichos acuerdos, para ser válidos, deberán ser aprobados por la mayoría de los miembros presentes, sin perjuicio de las mayorías especiales que establezcan la Constitución o las leyes orgánicas y las que para elección de personas establezcan los Reglamentos de las Cámaras.

3. El voto de Senadores y Diputados es personal e indelegable [87].

80. Las sesiones plenarias de las Cámaras serán públicas, salvo acuerdo en contrario de cada Cámara, adoptado por mayoría absoluta o con arreglo al Reglamento [88].

CAPÍTULO II
De la elaboración de las leyes

81. 1. Son leyes orgánicas las relativas al desarrollo de los derechos fundamentales y de las libertades públicas, las que aprueben los Estatutos de Autonomía y el régimen electoral general y las demás previstas en la Constitución.

2. La aprobación, modificación o derogación de las leyes orgánicas exigirá mayoría absoluta del Congreso, en una votación final sobre el conjunto del proyecto [89].

---

[86] Véanse arts. 56, 57, 58, 59 y 151 RCD; arts. 45, 46, 47 y 48 RS; y arts. 73, 86 y 116 CE

[87] Véanse arts. 78 a 89 RCD; y arts. 92 a 100 RS

[88] Véanse arts. 63, 64, 65 y 66 RCD; y arts. 72, 73, 74 y 75 RS

[89] Véanse art. 28.2 LO 2/1979, de 2 octubre, del Tribunal Constitucional; arts. 130, 131 y 132 RCD; LO 5/1985, de 19 de junio, del Régimen Electoral General; LO 6/2006, de 19 julio, de Reforma del Estatuto de Cataluña; LO 9/2007, de 8 octubre, de modificación de la LO 5/1985, de 19 junio; LO 2/2011, de 28 de enero, por la que se modifica la LO 5/1985, de 19 de junio; y arts. 8.2, 15 a 29, 53.1, 54, 55.2, 66, 68, 69.2, 70, 75.3, 87, 92.3, 93, 104.2, 107, 116, 122.1, 136.4, 144, 146, 147.3, 150.2, 157.3 y 165 CE

82. 1. Las Cortes Generales podrán delegar en el Gobierno la potestad de dictar normas con rango de Ley sobre materias determinadas no incluidas en el artículo anterior.

2. La delegación legislativa deberá otorgarse mediante una Ley de bases cuando su objeto sea la formación de textos articulados o por una Ley ordinaria cuando se trate de refundir varios textos legales en uno solo.

3. La delegación legislativa habrá de otorgarse al Gobierno de forma expresa para materia concreta y con fijación del plazo para su ejercicio. La delegación se agota por el uso que de ella haga el Gobierno mediante la publicación de la norma correspondiente. No podrá entenderse concedida de modo implícito o por tiempo indeterminado. Tampoco podrá permitir la subdelegación a autoridades distintas del propio Gobierno.

4. Las leyes de bases delimitarán con precisión el objeto y alcance de la delegación legislativa y los principios y criterios que han de seguirse en su ejercicio.

5. La autorización para refundir textos legales determinará el ámbito normativo a que se refiere el contenido de la delegación, especificando si se circunscribe a la mera formulación de un texto único o si se incluye la de regularizar, aclarar y armonizar los textos legales que han de ser refundidos.

6. Sin perjuicio de la competencia propia de los Tribunales, las leyes de delegación podrán establecer en cada caso fórmulas adicionales de control [90].

83. Las leyes de bases no podrán en ningún caso:
a) Autorizar la modificación de la propia Ley de bases.
b) Facultar para dictar normas con carácter retroactivo [91].

84. Cuando una proposición de Ley o una enmienda fuere contraria a una delegación legislativa en vigor, el Gobierno está facultado para oponerse a su tramitación. En tal supuesto, podrá presentarse

---

[90] Véanse art. 21.1 LO 3/1980, de 22 abril, del Consejo de Estado; art. 27.2 b) LO 2/1979, de 3 octubre, del Tribunal Constitucional; y arts. 83, 84, 85 y 161.1 a) CE
[91] Véanse arts. 81, 82, 84, 85 y 153 CE

una proposición de Ley para la derogación total o parcial de la Ley de delegación [92].

85. Las disposiciones del Gobierno que contengan legislación delegada recibirán el título de Decretos Legislativos [93].

86. 1. En caso de extraordinaria y urgente necesidad, el Gobierno podrá dictar disposiciones legislativas provisionales que tomarán la forma de Decretos-leyes y que no podrán afectar al ordenamiento de las instituciones básicas del Estado, a los derechos, deberes y libertades de los ciudadanos regulados en el Título I, al régimen de las Comunidades Autónomas ni al Derecho electoral general.

2. Los Decretos-leyes deberán ser inmediatamente sometidos a debate y votación de totalidad al Congreso de los Diputados, convocado al efecto si no estuviere reunido, en el plazo de los treinta días siguientes a su promulgación. El Congreso habrá de pronunciarse expresamente dentro de dicho plazo sobre su convalidación o derogación, para lo cual el Reglamento establecerá un procedimiento especial y sumario.

3. Durante el plazo establecido en el apartado anterior, las Cortes podrán tramitarlos como proyectos de Ley por el procedimiento de urgencia [94].

87. 1. La iniciativa legislativa corresponde al Gobierno, al Congreso y al Senado, de acuerdo con la Constitución y los Reglamentos de las Cámaras.

2. Las Asambleas de las Comunidades Autónomas podrán solicitar del Gobierno la adopción de un proyecto de Ley o remitir a la Mesa del Congreso una proposición de Ley, delegando ante dicha Cámara un máximo de tres miembros de la Asamblea encargados de su defensa.

3. Una Ley orgánica regulará las formas de ejercicio y requisitos de la iniciativa popular para la presentación de proposiciones de Ley.

---

[92] Véanse arts. 82, 83, 85 y 87 CE
[93] Véanse arts. 62 f), 82, 83 y 84 CE
[94] Véanse art. 27.2 b) LO 2/1979, de 2 octubre, del Tribunal Constitucional; art. 151 RCD; y arts. 62 f), 78.2, 81, 97 y 161.1 a) CE

En todo caso se exigirán no menos de 500.000 firmas acreditadas. No procederá dicha iniciativa en materias propias de Ley orgánica, tributarias o de carácter internacional, ni en lo relativo a la prerrogativa de gracia [95].

88. Los proyectos de Ley serán aprobados en Consejo de Ministros, que los someterá al Congreso, acompañados de una exposición de motivos y de los antecedentes necesarios para pronunciarse sobre ellos [96].

89. 1. La tramitación de las proposiciones de Ley se regulará por los Reglamentos de las Cámaras, sin que la prioridad debida a los proyectos de Ley impida el ejercicio de la iniciativa legislativa en los términos regulados por el art. 87.

2. Las proposiciones de Ley que, de acuerdo con el art. 87 tome en consideración el Senado, se remitirán al Congreso para su trámite en éste como tal proposición [97].

90. 1. Aprobado un proyecto de Ley ordinaria u orgánica por el Congreso de los Diputados, su Presidente dará inmediata cuenta del mismo al Presidente del Senado, el cual lo someterá a la deliberación de éste.

2. El Senado en el plazo de dos meses, a partir del día de la recepción del texto, puede, mediante mensaje motivado, oponer su veto o introducir enmiendas al mismo. El veto, deberá ser aprobado por mayoría absoluta. El proyecto no podrá ser sometido al Rey para sanción sin que el Congreso ratifique por mayoría absoluta, en caso de veto, el texto inicial, o por mayoría simple, una vez transcurridos

---

[95] Véanse arts. 108, 109, 126 y 127 RCD; art. 104 RS; LO 3/1984, de 26 marzo, reguladora de la iniciativa legislativa popular, modificada por la LO 4/2006, de 26 mayo; Ley 50/1997, de 27 noviembre, de organización, competencia y funcionamiento del Gobierno, modificado por Ley 30/2003, de 13 de octubre; Ley 1/2006, de 16 febrero, del Parlamento de Cataluña, de la iniciativa legislativa popular; y art. 166 CE

[96] Véanse arts. 109 a 123 RCD; arts. 104 a 126 RS; art. 27 Ley 50/1997, de 27 noviembre, de organización, competencia y funcionamiento del Gobierno; Resolución 28 julio 2005, de la Subsecretaría por la que se da publicidad al Acuerdo del Consejo de Ministros, por el que se aprueban las Directrices de técnica normativa

[97] Véanse arts. 124 y 129 RCD; arts. 104 y 136 RS; y arts. 87 y 88 CE

dos meses desde la interposición del mismo, o se pronuncie sobre las enmiendas, aceptándolas o no por mayoría simple.

3. El plazo de dos meses de que el Senado dispone para vetar o enmendar el proyecto se reducirá al de veinte días naturales en los proyectos declarados urgentes por el Gobierno o por el Congreso de los Diputados [98].

91. El Rey sancionará en el plazo de quince días las leyes aprobadas por las Cortes Generales, y las promulgará y ordenará su inmediata publicación [99].

92. 1. Las decisiones políticas de especial trascendencia podrán ser sometidas a referéndum consultivo de todos los ciudadanos.

2. El referéndum será convocado por el Rey, mediante propuesta del Presidente del Gobierno, previamente autorizada por el Congreso de los Diputados.

3. Una Ley orgánica regulará las condiciones y el procedimiento de las distintas modalidades de referéndum previstas en esta Constitución [100].

CAPÍTULO III
De los tratados internacionales

93. Mediante Ley orgánica se podrá autorizar la celebración de tratados por los que se atribuya a una organización o institución internacional el ejercicio de competencias derivadas de la Constitución. Corresponde a las Cortes Generales o al Gobierno, según los casos, la

---

[98] Véanse arts. 120 y 123 RCD; y arts. 121 y 122 RS

[99] Véanse RD 181/2008, de 8 febrero, de Ordenación del Diario Oficial «Boletín Oficial del Estado»; y arts. 9.3, 56 y 62 a) CE

[100] Véanse LO 2/1980, de 18 enero, sobre regulación de las distintas modalidades de referéndum, modificada por LO 12/1980, de 16 diciembre; art. 161 RCD; Ley 9/2008, de 27 junio, del Parlamento Vasco, que convoca y regula una consulta popular al objeto de recabar la opinión ciudadana en el País Vasco sobre la apertura de un proceso de negociación para alcanzar la paz y la normalización política; arts. 23.1, 62 c), 149.1.32, 151, 157, 167.3 y 168.3 CE

garantía del cumplimiento de estos tratados y de las resoluciones emanadas de los organismos internacionales o supranacionales titulares de la cesión [101].

94. 1. La prestación del consentimiento del Estado para obligarse por medio de tratados o convenios requerirá la previa autorización de las Cortes Generales, en los siguientes casos:

a) Tratados de carácter político.

b) Tratados o convenios de carácter militar.

c) Tratados o convenios que afecten a la integridad territorial del Estado o a los derechos y deberes fundamentales establecidos en el Título I.

d) Tratados o convenios que impliquen obligaciones financieras para la Hacienda Pública.

e) Tratados o convenios que supongan modificación o derogación de alguna Ley o exijan medidas legislativas para su ejecución.

2. El Congreso y el Senado serán inmediatamente informados de la conclusión de los restantes tratados o convenios [102].

---

[101] Véanse art. 154 RCD; art. 144 RS; LO 10/1985, de 2 agosto, de autorización para la adhesión de España a las Comunidades Europeas; LO 4/1986, de 26 noviembre, por la que se autoriza la ratificación del Acta Única Europea, firmada en Luxemburgo, el 17 febrero 1986; LO 10/1992, de 28 diciembre, por la que se autoriza la ratificación por España del Tratado de la Unión Europea, firmado en Maastricht, el 7 febrero 1992; Ley 8/1994, de 19 mayo, por la que se regula la Comisión Mixta para la Unión Europea, modificada por la Ley 24/2009, de 22 de diciembre; LO 20/1994, de 29 diciembre, por la que se autoriza la ratificación del Tratado hecho en Corfú el 24 junio 1994 para la Adhesión de Noruega, Austria, Finlandia y Suecia, a la Unión Europea; Ley 2/1997, de 13 marzo, por la que se regula la Conferencia para Asuntos relacionados con las Comunidades Europeas; RD 2295/2004, de 10 diciembre, relativo a la aplicación en España de las normas comunitarias de competencia; LO 9/1998, de 16 diciembre, por la que se autoriza la ratificación por el Reino de España del Tratado de Amsterdam por el que se modifican el Tratado de la Unión Europea, los Tratados Constitutivos de las Comunidades Europeas, y determinados actos conexos, firmado en Amsterdam el día 2 octubre 1997; LO 3/2001, de 6 noviembre, por la que se autoriza la ratificación por España del Tratado de Niza; LO 1/2005, de 20 mayo, por la que se autoriza la ratificación por España del Tratado por el que se establece una Constitución para Europa, firmada en Roma el 29 octubre 2004; Tratado de Lisboa de 13 diciembre 2007, cuya ratificación por España se autoriza por la LO 1/2008, de 30 julio; y arts. 96 y 149.1.3 CE

[102] Véanse arts. 155 a 160 RCD; arts. 144 a 145 RS; Convenio de Viena sobre el Derecho de los Tratados 23 mayo 1969 (Instrumento de adhesión 2 mayo 1972); Ley 25/2014, de 27 de noviembre, de Tratados y otros Acuerdos Internacionales

95. 1. La celebración de un tratado internacional que contenga estipulaciones contrarias a la Constitución exigirá la previa revisión constitucional.

2. El Gobierno o cualquiera de las Cámaras puede requerir al Tribunal Constitucional para que declare si existe o no esa contradicción [103].

96. 1. Los tratados internacionales válidamente celebrados, una vez publicados oficialmente en España, formarán parte del ordenamiento interno. Sus disposiciones sólo podrán ser derogadas, modificadas o suspendidas en la forma prevista en los propios tratados o de acuerdo con las normas generales del Derecho internacional.

2. Para la denuncia de los tratados y convenios internacionales se utilizará el mismo procedimiento previsto para su aprobación en el art. 94 [104].

TÍTULO IV
Del Gobierno y de la Administración

97. El Gobierno dirige la política interior y exterior, la Administración civil y militar y la defensa del Estado. Ejerce la función ejecutiva y la potestad reglamentaria de acuerdo con la Constitución y las leyes [105].

98. 1. El Gobierno se compone del Presidente, de los Vicepresidentes, en su caso, de los Ministros y de los demás miembros que establezca la Ley.

---

[103] Véanse arts. 2.1 d) y 78 LO 2/1979, de 3 octubre, del Tribunal Constitucional; art. 157 RCD; arts. 147 y 185 RS

[104] Véanse art. 1.5 CC; y arts. 10.2, 93 y 149.1.3 CE

[105] Véanse arts. 3, 11, 22 y ss. y 51 y ss. LRJAPC; LO 16/1994, de 8 noviembre, de modificación de la Ley Orgánica del Poder Judicial; Ley 50/1997, de 27 noviembre, de organización, competencia y funcionamiento del Gobierno; y arts. 62, 64, 98, 103, 122, 124.4 y 131 CE

2. El Presidente dirige la acción del Gobierno y coordina las funciones de los demás miembros del mismo, sin perjuicio de la competencia y responsabilidad directa de éstos en su gestión.

3. Los miembros del Gobierno no podrán ejercer otras funciones representativas que las propias del mandato parlamentario, ni cualquier otra función pública que no derive de su cargo, ni actividad profesional o mercantil alguna.

4. La Ley regulará el estatuto e incompatibilidades de los miembros del Gobierno [106].

99. 1. Después de cada renovación del Congreso de los Diputados, y en los demás supuestos constitucionales en que así proceda, el Rey, previa consulta con los representantes designados por los grupos políticos con representación parlamentaria, y a través del Presidente del Congreso, propondrá un candidato a la Presidencia del Gobierno.

2. El candidato propuesto conforme a lo previsto en el apartado anterior expondrá ante el Congreso de los Diputados el programa político del Gobierno que pretenda formar y solicitará la confianza de la Cámara.

3. Si el Congreso de los Diputados, por el voto de la mayoría absoluta de sus miembros, otorgare su confianza a dicho candidato, el Rey le nombrará Presidente. De no alcanzarse dicha mayoría, se someterá la misma propuesta a nueva votación cuarenta y ocho horas después de la anterior, y la confianza se entenderá otorgada si obtuviere la mayoría simple.

4. Si efectuadas las citadas votaciones no se otorgase la confianza para la investidura, se tramitarán sucesivas propuestas en la forma prevista en los apartados anteriores.

---

[106] Véanse RD 405/1992, de 24 abril, por el que se regula el Estatuto de los ex-Presidentes de Gobierno; RD 68/1994, de 21 enero, sobre modificación de la estructura y régimen de personal de los Gabinetes de Secretarios de Estado; Ley 12/1995, de 11 mayo, de Incompatibilidades de los miembros del Gobierno de la Nación y de los altos cargos de la Administración General del Estado; RD 1410/1995, de 4 agosto, por el que se regulan los Registros de Actividades y de Bienes y Derechos Patrimoniales de los Altos Cargos; arts. 1 a 14 Ley 50/1997, de 27 noviembre, de organización, competencia y funcionamiento del Gobierno; RD 1412/2000, de 21 julio, de creación del Consejo de Política Exterior; RD 1828/2011, de 23 de diciembre, por el que modifica el RD 1094/2011, de 15 de julio, por el que se reestructura la Presidencia del Gobierno; RD 1824/2011, de 21 de diciembre, sobre la Vicepresidencia del Gobierno; y arts. 62 e), 97, 99, 108 y disp. transit. 8ª CE

5. Si transcurrido el plazo de dos meses, a partir de la primera votación de investidura, ningún candidato hubiere obtenido la confianza del Congreso, el Rey disolverá ambas Cámaras y convocará nuevas elecciones con el refrendo del Presidente del Congreso [107].

100. Los demás miembros del Gobierno serán nombrados y separados por el Rey, a propuesta de su Presidente [108].

101. 1. El Gobierno cesa tras la celebración de elecciones generales, en los casos de pérdida de la confianza parlamentaria previstos en la Constitución, o por dimisión o fallecimiento de su Presidente.

2. El Gobierno cesante continuará en funciones hasta la toma de posesión del nuevo Gobierno [109].

102. 1. La responsabilidad criminal del Presidente y los demás miembros del Gobierno será exigible, en su caso, ante la Sala de lo Penal del Tribunal Supremo.

2. Si la acusación fuere por traición o por cualquier delito contra la seguridad del Estado en el ejercicio de sus funciones, sólo podrá ser planteada por iniciativa de la cuarta parte de los miembros del Congreso, y con la aprobación de la mayoría absoluta del mismo.

3. La prerrogativa real de gracia no será aplicable a ninguno de los supuestos del presente artículo [110].

103. 1. La Administración Pública sirve con objetividad los intereses generales y actúa de acuerdo con los principios de eficacia, jerarquía, descentralización, desconcentración y coordinación, con sometimiento pleno a la Ley y al Derecho.

2. Los órganos de la Administración del Estado son creados, regidos y coordinados de acuerdo con la Ley.

---

[107] Véanse arts. 170, 171 y 172 RCD; y arts. 98.2 y 114.1 CE

[108] Véanse arts. 15 y ss. Ley 50/1997, de 27 noviembre, de organización, competencia y funcionamiento del Gobierno; y arts. 62 e), 98.1, 101 y 102 CE

[109] Véanse art. 21 Ley 50/1997, de 27 noviembre, de organización, competencia y funcionamiento del Gobierno; y arts. 62 d), 68.4, 68.6, 113 y 114 CE

[110] Véanse art. 169 RCD; y arts. 56.3 y 71 CE

3. La Ley regulará el estatuto de los funcionarios públicos, el acceso a la función pública de acuerdo con los principios de mérito y capacidad, las peculiaridades del ejercicio de su derecho a sindicación, el sistema de incompatibilidades y las garantías para la imparcialidad en el ejercicio de sus funciones [111].

104. 1. Las Fuerzas y Cuerpos de seguridad, bajo la dependencia del Gobierno, tendrán como misión proteger el libre ejercicio de los derechos y libertades y garantizar la seguridad ciudadana.

2. Una Ley orgánica determinará las funciones, principios básicos de actuación y estatutos de las Fuerzas y Cuerpos de seguridad [112].

---

[111] Véanse entre otros art. 103 y disp. transit. 3ª Ley 31/1991, de 30 diciembre, de Presupuestos Generales del Estado para 1992; arts. 3, 11, 22 y ss. y 51 y ss. LRJAPC; arts. 14 a 29 Ley 22/1993, de 29 diciembre, de Medidas Fiscales, de Reforma del Régimen Jurídico de la Función Pública y de la Protección por Desempleo; Ley 6/1997, de 14 abril, de Organización y Funcionamiento de la Administración General del Estado; RD 951/2005, de 29 julio, que establece el marco general para la mejora de la calidad en la Administración General del Estado; Ley 7/2007, de 12 abril, del Estatuto Básico del Empleado Público; Ley 11/2011, de 20 de mayo, de reforma de la Ley 60/2003, de 23 de diciembre, de Arbitraje y regulación del arbitraje en la Administración General del Estado; Ley 30/1984, de 2 agosto, de medidas para la Reforma de la Función Pública, modificada por Ley 23/1988, de 28 julio, Ley 22/1993, de 29 diciembre y Ley 42/1994, de 30 diciembre; Ley 53/1984, de 26 diciembre, sobre Incompatibilidades del Personal al servicio de las Administraciones Públicas, modificada por disp. final 3ª.1 de Ley 7/2007, de 12 de abril; LO 1/1985, de 18 enero, sobre Incompatibilidades del Personal al servicio del Tribunal Constitucional, del Consejo General del Poder Judicial, Tribunal de Cuentas, Administración de Justicia y Consejo de Estado y componentes del Poder Judicial; LO 11/1985, de 2 agosto, de Libertad Sindical; Ley 22/1993, de 29 diciembre, de Medidas Fiscales, de Reforma del Régimen Jurídico de la Función Pública y de la Protección por Desempleo; Ley 12/1995, de 11 mayo, de Incompatibilidades de los miembros del Gobierno y de los Altos Cargos de la Administración General del Estado; Ley 6/1997, de 14 abril, de Organización y Funcionamiento de la Administración General del Estado; Ley 7/2007, de 12 abril, del Estatuto Básico del Empleado Público; y arts. 9, 23.2, 25.3, 28, 98.1, 105 y 106 CE

[112] Véanse LO 2/1986, de 13 marzo, de Fuerzas y Cuerpos de Seguridad; Ley 5/2014, de 4 de abril, de Seguridad Privada; RD 2364/1994, de 9 diciembre, por el que se aprueba el Reglamento de Seguridad Privada; LO 4/1997, de 4 agosto, por la que se regula la utilización de videocámaras por las Fuerzas y Cuerpos de Seguridad en lugares públicos; RD 596/1999, de 16 de abril, por el que se aprueba el Reglamento de desarrollo y ejecución de la LO 4/1997, de 4 de agosto, por la que se regula la utilización de videocámaras por las Fuerzas y Cuerpos de Seguridad en lugares públicos; Ley 29/2014, de 28 de noviembre, de Régimen del Personal de la Guardia Civil; LO 12/2007, de 22 de octubre, del régimen disciplinario de la Guardia Civil; LO 4/2010, de 20 de mayo, del Régimen disciplinario del Cuerpo Nacional de Policía; y arts. 8 y 149.1.29ª CE

105. La Ley regulará:

a) La audiencia de los ciudadanos, directamente o a través de las organizaciones y asociaciones reconocidas por la Ley, en el procedimiento de elaboración de las disposiciones administrativas que les afecten.

b) El acceso de los ciudadanos a los archivos y registros administrativos, salvo en lo que afecte a la seguridad y defensa del Estado, la averiguación de los delitos y la intimidad de las personas.

c) El procedimiento a través del cual deben producirse los actos administrativos, garantizando, cuando proceda, la audiencia del interesado [113].

106. 1. Los Tribunales controlan la potestad reglamentaria y la legalidad de la actuación administrativa, así como el sometimiento de ésta a los fines que la justifican.

2. Los particulares, en los términos establecidos por la Ley, tendrán derecho a ser indemnizados por toda lesión que sufran en cualquiera de sus bienes y derechos, salvo en los casos de fuerza mayor, siempre que la lesión sea consecuencia del funcionamiento de los servicios públicos [114].

---

[113] Véanse arts. 2.1 y 6 Ley 2/1974, de 13 de febrero de Colegios Profesionales, modificada por la Ley 7/1997, de 14 abril, de Medidas Liberalizadoras en materia de Suelo y Colegios Profesionales; arts. 35 y ss. Ley 30/1992, de 26 noviembre, de Régimen Jurídico de las Administraciones Públicas y del Procedimiento Administrativo Común;   art. 57 Ley 16/1985, de 25 junio, del Patrimonio Histórico Español; art. 24 Ley 50/1997, de 27 noviembre, de organización, competencia y funcionamiento del Gobierno; Orden PRE/3949/2006, de 26 diciembre, por la que se establece la configuración, características, requisitos y procedimientos de acceso al Sistema de Verificación de Datos de Identidad; Ley 37/2007, de 16 noviembre, sobre reutilización de la información del sector público; y arts. 9.2, 23.1 y 106.1 CE

[114] Véanse LOPJ; arts. 102 y ss. 139 y ss. y disps. adic. 10ª y 11ª LRJAPC; RD 429/1993, de 26 marzo, por el que se aprueba el Reglamento de los Procedimientos de las Administraciones Públicas en materia de Responsabilidad Patrimonial; art. 26 Ley 50/1997, de 27 noviembre, de organización, competencia y funcionamiento del Gobierno; Ley 52/1997, de 27 noviembre, de Asistencia Jurídica al Estado e Instituciones Públicas, de 27 noviembre, de, declarada vigente por disp. derog. única. 3 de Ley 1/2000, de 7 de enero y modificada, entre otras, por disp. final 1ª de Ley 13/2009, de 3 de noviembre; LRJCA; art. 139.5 LRJAPC, en la redacción dada por la Ley 13/2009, de 3 de noviembre; y arts. 9.3, 97, 103, 105 y 153, c) CE

107. El Consejo de Estado es el supremo órgano consultivo del Gobierno. Una Ley orgánica regulará su composición y competencia [115].

TÍTULO V
De las relaciones entre el Gobierno y las Cortes Generales

108. El Gobierno responde solidariamente en su gestión política ante el Congreso de los Diputados.

109. Las Cámaras y sus Comisiones podrán recabar, a través de los Presidentes de aquéllas, la información y ayuda que precisen del Gobierno y de sus Departamentos y de cualesquiera autoridades del Estado y de las Comunidades Autónomas [116].

110. 1. Las Cámaras y sus Comisiones pueden reclamar la presencia de los miembros del Gobierno.

2. Los miembros del Gobierno tienen acceso a las sesiones de las Cámaras y a sus Comisiones y la facultad de hacerse oír en ellas, y podrán solicitar que informen ante las mismas funcionarios de sus Departamentos [117].

111. 1. El Gobierno y cada uno de sus miembros están sometidos a las interpelaciones y preguntas que se le formulen en las Cámaras. Para

[115] Véanse LO 3/1980, de 22 abril, del Consejo de Estado, modificada por Ley Orgánica 13/1983, de 26 noviembre y por la LO 3/2004, de 28 diciembre; ROCE, aprobado por RD 1674/1980, de 18 julio, modificado por RD 1405/1990, de 16 noviembre; arts. 102 y 103 LRJAPC; Ley 4/1999, de 13 enero, de modificación de la Ley 30/1992, de 26 noviembre, de Régimen Jurídico de las Administraciones Públicas y del Procedimiento Administrativo Común; Res. 21 junio 2005, de la Presidencia del Consejo de Estado, por la que se dispone la publicación de la relación actualizada de disposiciones que preceptúan la audiencia del Consejo de Estado; RD 449/2005, de 22 abril, por el que se modifica el Reglamento Orgánico del Consejo de Estado; art. 2.1 Ley 5/2006, de 10 de abril, de conflictos de intereses de miembros de Gobierno y Altos Cargos de Administración

[116] Véanse art. 44 RCD; arts. 66 y 67 RS; art. 23.2 CE

[117] Véanse arts. 40.3, 202 y 203 RCD; arts. 23.1, 66 y 182 RS; y arts. 66.2, 76, 109 y 111 CE

esta clase de debate los Reglamentos establecerán un tiempo mínimo semanal.

2. Toda interpelación podrá dar lugar a una moción en la que la Cámara manifieste su posición [118] .

112. El Presidente del Gobierno, previa deliberación del Consejo de Ministros, puede plantear ante el Congreso de los Diputados la cuestión de confianza sobre su programa o sobre una declaración de política general. La confianza se entenderá otorgada cuando vote a favor de la misma la mayoría simple de los Diputados [119] .

113. 1. El Congreso de los Diputados puede exigir la responsabilidad política del Gobierno mediante la adopción por mayoría absoluta de la moción de censura.

2. La moción de censura deberá ser propuesta al menos por la décima parte de los Diputados, y habrá de incluir un candidato a la Presidencia del Gobierno.

3. La moción de censura no podrá ser votada hasta que transcurran cinco días desde su presentación. En los dos primeros días de dicho plazo podrán presentarse mociones alternativas.

4. Si la moción de censura no fuere aprobada por el Congreso, sus signatarios no podrán presentar otra durante el mismo período de sesiones [120] .

114. 1. Si el Congreso niega su confianza al Gobierno, éste presentará su dimisión al Rey, procediéndose a continuación a la designación de Presidente del Gobierno, según lo dispuesto en el art. 99.

2. Si el Congreso adopta una moción de censura, el Gobierno presentará su dimisión al Rey y el candidato incluido en aquélla se

---

[118] Véanse arts. 180 a 190 RCD; y arts. 160 a 173 RS

[119] Véanse arts. 173 y 174 RCD

[120] Véanse arts. 175, 176, 177, 178 y 179 RCD; art. 22.3 Ley 7/1985, de 2 de abril, reguladora de las Bases del Régimen Local (LBRL); arts. 195-197 LO 5/1985, de 19 de junio; LO 2/2011, de 28 de enero, por la que se modifica la LO 5/1985, de 19 de junio, del Régimen Electoral General

entenderá investido de la confianza de la Cámara a los efectos previstos en el art. 99. El Rey le nombrará Presidente del Gobierno [121] .

115. 1. El Presidente del Gobierno, previa deliberación del Consejo de Ministros, y bajo su exclusiva responsabilidad, podrá proponer la disolución del Congreso, del Senado o de las Cortes Generales, que será decretada por el Rey. El decreto de disolución fijará la fecha de las elecciones.

2. La propuesta de disolución no podrá presentarse cuando esté en trámite una moción de censura.

3. No procederá nueva disolución antes de que transcurra un año desde la anterior, salvo lo dispuesto en el art. 99, apartado 5 [122] .

116. 1. Una Ley orgánica regulará los estados de alarma, de excepción y de sitio, y las competencias y limitaciones correspondientes.

2. El estado de alarma será declarado por el Gobierno mediante decreto acordado en Consejo de Ministros por un plazo máximo de quince días, dando cuenta al Congreso de los Diputados, reunido inmediatamente al efecto y sin cuya autorización no podrá ser prorrogado dicho plazo. El decreto determinará el ámbito territorial a que se extienden los efectos de la declaración.

3. El estado de excepción será declarado por el Gobierno mediante decreto acordado en Consejo de Ministros, previa autorización del Congreso de los Diputados. La autorización y proclamación del estado de excepción deberá determinar expresamente los efectos del mismo, el ámbito territorial a que se extiende y su duración, que no podrá exceder de treinta días, prorrogables por otro plazo igual, con los mismos requisitos.

4. El estado de sitio será declarado por la mayoría absoluta del Congreso de los Diputados, a propuesta exclusiva del Gobierno. El Congreso determinará su ámbito territorial, duración y condiciones.

5. No podrá procederse a la disolución del Congreso mientras estén declarados algunos de los estados comprendidos en el presente artículo, quedando automáticamente convocadas las Cámaras si no estuvieren en período de sesiones. Su funcionamiento, así como el de los

---

[121] Véase art. 178 RCD
[122] Véase art. 99 CE

demás poderes constitucionales del Estado, no podrán interrumpirse durante la vigencia de estos estados.

Disuelto el Congreso o expirado su mandato, si se produjere alguna de las situaciones que dan lugar a cualquiera de dichos estados, las competencias del Congreso serán asumidas por su Diputación Permanente.

6. La declaración de los estados de alarma, de excepción y de sitio no modificarán el principio de responsabilidad del Gobierno y de sus agentes reconocidos en la Constitución y en las leyes [123].

TÍTULO VI
Del Poder Judicial

117. 1. La justicia emana del pueblo y se administra en nombre del Rey por Jueces y Magistrados integrantes del poder judicial, independientes, inamovibles, responsables y sometidos únicamente al imperio de la Ley.

2. Los Jueces y Magistrados no podrán ser separados, suspendidos, trasladados ni jubilados, sino por alguna de las causas y con las garantías previstas en la Ley.

3. El ejercicio de la potestad jurisdiccional en todo tipo de procesos, juzgando y haciendo ejecutar lo juzgado, corresponde exclusivamente a los Juzgados y Tribunales determinados por las leyes, según las normas de competencia y procedimiento que las mismas establezcan.

4. Los Juzgados y Tribunales no ejercerán más funciones que las señaladas en el apartado anterior y las que expresamente les sean atribuidas por Ley en garantía de cualquier derecho.

5. El principio de unidad jurisdiccional es la base de la organización y funcionamiento de los Tribunales. La Ley regulará el ejercicio de la jurisdicción militar en el ámbito estrictamente castrense y en los supuestos de estado de sitio, de acuerdo con los principios de la Constitución.

---

[123] Véanse LO 4/1981, de 1 junio, de los Estados de Alarma, Excepción y Sitio; arts. 162, 163, 164 y 165 RCD; RD 1673/2010, de 4 de diciembre, por el que se declara el Estado de Alarma para la normalización del servicio público esencial del Transporte Aéreo; y art. 169 CE

6. Se prohíben los Tribunales de excepción [124] .

118. Es obligado cumplir las sentencias y demás resoluciones firmes de los Jueces y Tribunales, así como prestar la colaboración requerida por éstos en el curso del proceso y en la ejecución de lo resuelto [125] .

119. La justicia será gratuita cuando así lo disponga la Ley y, en todo caso, respecto de quienes acrediten insuficiencia de recursos para litigar [126] .

120. 1. Las actuaciones judiciales serán públicas, con las excepciones que prevean las leyes de procedimiento.

2. El procedimiento será predominantemente oral, sobre todo en materia criminal.

---

[124] Véanse LOPJ, modificada por LO 16/1994, de 8 noviembre; art. 127 CPM LO 13/1985, de 9 diciembre; LO 2/1987, de 18 mayo, de normas reguladoras de conflictos de jurisdicción; LO 4/1987, de 15 julio, de Competencia y Organización de la Jurisdicción Militar; LO 2/1989, de 13 abril, Procesal Militar; LO 7/1992, de 20 noviembre, por la que se fija la Edad de Jubilación de Jueces y Magistrados y se integra diverso Personal Médico en el Cuerpo de Médicos Forenses; LO 19/2003, de 23 diciembre, de modificación de la del Poder Judicial; Ley 16/2006, de 26 mayo, por la que se regula el Estatuto del Miembro Nacional de Eurojust y los miembros de la Unión Europa; Ley 11/2011, de 20 de mayo, de reforma de la Ley 60/2003, de 23 de diciembre, de Arbitraje y regulación del arbitraje institucional en la Administración General del Estado; arts. 1, 8, 24, 56, 104, 118, 123, 125 y 127 CE

[125] Véanse arts. 17 y 18 LOPJ; arts. 24, 106 y 117 CE

[126] Véanse arts. 128 y ss. LECrim; art. 95.1 LOTC; arts. 20.2 y 440.2 LOPJ, modificada por LO 16/1994, de 8 noviembre; Ley 25/1986, de 24 diciembre, de supresión de las Tasas Judiciales; art. 2.13ª Ley 10/1992, de 30 abril, de Medidas Urgentes de Reforma Procesal; Ley 1/1996, de 10 enero, de Asistencia Jurídica Gratuita, modificada, entre otras, por art. único.1 de Ley 16/2005, de 18 de julio y art. 12.1 de Ley 13/2009, de 3 de noviembre; RD 996/2003, de 25 julio, Reglamento de la Ley de Asistencia Jurídica Gratuita, actualizado por art. único.6 de RD 1455/2005, de 2 de diciembre; Ley 16/2005, de 18 julio, por la que se modifica la Ley 1/1996, de 10 enero, de asistencia jurídica gratuita para regular las especialidades de los litigios transfronterizos civiles y mercantiles en la Unión Europa; art. 1.Diecinueve LO 1/2009, de 3 de noviembre, complementaria de la Ley de Reforma de la Legislación Procesal para la implantación de la nueva oficina judicial, por la que se modifica la LO 6/1985, de 1 de julio, del Poder Judicial; disp. final 2ª Ley 37/2011, de 10 de octubre, de medidas de agilización procesal, que modifica art. 35 de la Ley 53/2002, de 30 de diciembre, de Medidas Fiscales, Administrativas y del Orden Social; y arts. 9.2º, 14, 24.1 y 31.1 CE

3. Las sentencias serán siempre motivadas y se pronunciarán en audiencia pública [127] .

121. Los daños causados por error judicial, así como los que sean consecuencia del funcionamiento anormal de la Administración de Justicia, darán derecho a una indemnización a cargo del Estado, conforme a la Ley [128] .

122. 1. La Ley Orgánica del Poder Judicial determinará la constitución, funcionamiento y gobierno de los Juzgados y Tribunales, así como el estatuto jurídico de los Jueces y Magistrados de carrera, que formarán un Cuerpo único, y del personal al servicio de la Administración de Justicia.

2. El Consejo General del Poder Judicial es el órgano de gobierno del mismo. La Ley orgánica establecerá su estatuto y el régimen de incompatibilidades de sus miembros y sus funciones, en particular en materia de nombramientos, ascensos, inspección y régimen disciplinario.

3. El Consejo General del Poder Judicial estará integrado por el Presidente del Tribunal Supremo, que lo presidirá, y por veinte miembros nombrados por el Rey por un período de cinco años. De éstos, doce entre Jueces y Magistrados de todas las categorías judiciales, en los términos que establezca la Ley orgánica; cuatro a propuesta del Congreso de los Diputados, y cuatro a propuesta del Senado, elegidos en ambos casos por mayoría de tres quintos de sus miembros, entre abogados y otros juristas, todos ellos de reconocida competencia y con más de quince años de ejercicio en su profesión [129] .

---

[127] Véanse art. 232 LOPJ; arts. 301 y 680 LECrim; RD 685/2005, de 10 junio, sobre publicidad de resoluciones concursales y por el que se modifica el Reglamento del Registro mercantil, aprobado por RD 1784/1996, de 19 julio, en materia de publicidad registral de las resoluciones concursales; y arts. 1, 20.1 d), 24 y 125 CE

[128] Véanse art. 56.5 RDLeg 2/2015, de 23 octubre, por el que se aprueba el texto refundido de la Ley del Estatuto de los Trabajadores; arts. 272 a 297 LOPJ, modificada por LO 16/1994, de 8 noviembre; y arts. 9.3, 24.3, 106, 117.1 y 122 CE

[129] Véanse arts. 107 a 148, 454 y 455 LOPJ, modificada por LO 16/1994, de 8 noviembre; Ley 15/2003, de 26 mayo, reguladora del régimen retributivo de las carreras judicial y fiscal; LO 2/2004, de 28 diciembre, por la que se modifica la LOPJ; y arts. 23.2, 66.2, 97, 117, 123, 125, 126, 127 y 161 CE

123. 1. El Tribunal Supremo, con jurisdicción en toda España, es el órgano jurisdiccional superior en todos los órdenes, salvo lo dispuesto en materia de garantías constitucionales.

2. El Presidente del Tribunal Supremo será nombrado por el Rey, a propuesta del Consejo General del Poder Judicial, en la forma que determine la Ley [130].

124. 1. El Ministerio Fiscal, sin perjuicio de las funciones encomendadas a otros órganos, tiene por misión promover la acción de la justicia en defensa de la legalidad, de los derechos de los ciudadanos y del interés público tutelado por la Ley, de oficio o a petición de los interesados, así como velar por la independencia de los Tribunales y procurar ante éstos la satisfacción del interés social.

2. El Ministerio Fiscal ejerce sus funciones por medio de órganos propios conforme a los principios de unidad de actuación y dependencia jerárquica y con sujeción, en todo caso, a los de legalidad e imparcialidad.

3. La Ley regulará el estatuto orgánico del Ministerio Fiscal.

4. El Fiscal General del Estado será nombrado por el Rey, a propuesta del Gobierno, oído el Consejo General del Poder Judicial [131].

125. Los ciudadanos podrán ejercer la acción popular y participar en la Administración de Justicia mediante la institución del Jurado, en la forma y con respecto a aquellos procesos penales que la Ley

[130] Véanse arts. 53 y 55 LOPJ; Ley 10/1992, de 30 abril, de Medidas Urgentes de Reforma Procesal; arts. 299, 342, 342 bis, 350 y 404 bis LO 5/1997, de 4 diciembre, de reforma de la LO 6/1985, de 1 julio, que aprueba el texto de la Ley Orgánica del Poder Judicial; LO 19/2003, de 23 diciembre, de modificación de la del Poder Judicial; y arts. 117, 122, 152 y 161 CE

[131] Véanse arts. 37.1, 43 y 55 LOTC; Ley 50/1981, de 30 diciembre, por la que se regula el Estatuto Orgánico del Ministerio Fiscal, modificada por Ley 10/1995, de 24 abril, que crea la Fiscalía Especial para la Represión de los Delitos Económicos relacionados con la corrupción; RD 437/1983, de 9 febrero, sobre constitución y funcionamiento del Consejo Fiscal, modificado por art. único.1 de RD 232/2005, de 4 de marzo y art. único.2 de RD 1372/2009, de 28 de agosto; arts. 19.1 f), 92.3 y 100.1 LRJCA; Ley 14/2003, de 26 mayo, de modificación de la Ley 50/1980, de 30 diciembre; Ley 24/2007, de 9 octubre, por la que se modifica la Ley 50/1981, de 30 diciembre; y arts. 9, 10, 53, 117, 121, 122, 125, 126, 127 y 162.1 b) CE

determine, así como en los Tribunales consuetudinarios y tradicionales [132].

126. La policía judicial depende de los Jueces, de los Tribunales y del Ministerio Fiscal en sus funciones de averiguación del delito y descubrimiento y aseguramiento del delincuente, en los términos que la Ley establezca [133].

127. 1. Los Jueces y Magistrados así como los Fiscales, mientras se hallen en activo, no podrán desempeñar otros cargos públicos, ni pertenecer a partidos políticos o sindicatos. La Ley establecerá el sistema y modalidades de asociación profesional de los Jueces, Magistrados y Fiscales.

2. La Ley establecerá el régimen de incompatibilidades de los miembros del poder judicial, que deberá asegurar la total independencia de los mismos [134].

TÍTULO VII
Economía y Hacienda

128. 1. Toda la riqueza del país en sus distintas formas y sea cual fuere su titularidad está subordinada al interés general.

2. Se reconoce la iniciativa pública en la actividad económica. Mediante Ley se podrá reservar al sector público recursos o servicios

---

[132] Véanse arts. 19, 20.3 y 83 LOPJ; arts. 101, 270 y 281 LECrim; art. 47.3 LOTC; art. 47.3 Ley 7/1988, de 5 abril, de funcionamiento del Tribunal de Cuentas; LO 5/1995, de 22 mayo, del Tribunal del Jurado, modificada por LO 10/1995, de 23 noviembre, Código Penal, disp. final 2ª; RD 1398/1995, de 4 agosto, por el que se regula el Sorteo para la formación de Listas de Candidatos a Jurado; y arts. 1, 24, 29, 53.2, 105, 117, 122 y 124 CE

[133] Véanse art. 445 LOPJ; arts. 30 y ss. LO 2/1986, de 13 marzo, de Fuerzas y Cuerpos de Seguridad; y arts. 104, 117, 124, 148.1.22 y 149.1.29ª CE

[134] Véanse arts. 389 y ss. LOPJ; y arts. 6, 7, 22, 117, 122, 124, 136.3 y 159 CE

esenciales, especialmente en caso de monopolio, y asimismo acordar la intervención de empresas cuando así lo exigiere el interés general [135].

129. 1. La Ley establecerá las formas de participación de los interesados en la Seguridad Social y en la actividad de los organismos públicos cuya función afecte directamente a la calidad de la vida o al bienestar general.

2. Los poderes públicos promoverán eficazmente las diversas formas de participación en la empresa y fomentarán, mediante una legislación adecuada, las sociedades cooperativas. También establecerán los medios que faciliten el acceso de los trabajadores a la propiedad de los medios de producción [136].

130. 1. Los poderes públicos atenderán a la modernización y desarrollo de todos los sectores económicos y, en particular, de la agricultura, de la ganadería, de la pesca y de la artesanía, a fin de equiparar el nivel de vida de todos los españoles.

2. Con el mismo fin se dispensará un tratamiento especial a las zonas de montaña [137].

---

[135] Véanse art. 86 Ley 7/1985, de 2 abril, Reguladora de las Bases de Régimen Local; arts. 95 a 110 TRRL: RDLeg. 781/1986, de 18 abril; Ley 21/1992, de 16 julio, de Industria, modificada por art. 13.1 de Ley 25/2009, de 22 de diciembre; arts. 22 y 24 RDLey 7/1996, de 7 junio, sobre Medidas Urgentes de carácter Fiscal y de Fomento y Liberalización de la Actividad Económica; disp. adic. 1ª Ley 54/1997, de 27 noviembre, que regula el Sector Eléctrico, modificada por art. 23 de RDLey 6/2010, de 9 de abril; y arts. 9.2, 31, 33, 38, 40, 130, 131, 138 y 139.2 CE

[136] Véanse RDLey 36/1978, de 16 noviembre, sobre la Gestión institucional de la Seguridad Social, la Salud y el Empleo (en lo no derogado por el RDLeg. 1/1994, de 20 junio); RDLeg. 8/2015 de 30 octubre, por el que se aprueba el texto refundido de la Ley General de la Seguridad Social; Ley 20/1990, de 19 diciembre, de Régimen Fiscal de las Cooperativas, declarada vigente en lo referido al IRPF salvo art. 32 por disp. derog. 1.2.2 de Ley 35/2006, de 28 de noviembre; Ley 4/1997, de 24 marzo, que regula las Sociedades Laborales, modificada, entre otras, por art. 45.1 de Ley 62/2003, de 30 de diciembre; Ley 27/1999, de 16 julio, que regula las Cooperativas; y arts. 38, 41, 149.1.11ª y 17ª CE

[137] Véanse Ley 34/1979, de 16 noviembre, sobre Fincas manifiestamente Mejorables; Ley 49/2003, de 26 noviembre, de Arrendamientos Rústicos, modificada por Ley 26/2005, de 30 noviembre; Ley 25/1982, de 30 junio, de Agricultura de Montaña; RD 2164/1984, de 31 octubre, por el que se regula la Acción Común para el Desarrollo Integral de las Zonas de Agricultura de Montaña (modificado por el RD 466/1990, de 6 abril); Ley 19/1995, de 4 julio, de Modernización de Explotaciones Agrarias, declarada vigente por disp. derog. única.2.13 de Ley 40/1998, de 9 de

131. 1. El Estado, mediante Ley, podrá planificar la actividad económica general para atender a las necesidades colectivas, equilibrar y armonizar el desarrollo regional y sectorial y estimular el crecimiento de la renta y de la riqueza y su más justa distribución.

2. El Gobierno elaborará los proyectos de planificación, de acuerdo con las previsiones que le sean suministradas por las Comunidades Autónomas y el asesoramiento y colaboración de los sindicatos y otras organizaciones profesionales, empresariales y económicas. A tal fin se constituirá un consejo, cuya composición y funciones se desarrollarán por Ley [138].

132. 1. La Ley regulará el régimen jurídico de los bienes de dominio público y de los comunales, inspirándose en los principios de inalienabilidad, imprescriptibilidad e inembargabilidad, así como su desafectación.

2. Son bienes de dominio público estatal los que determine la Ley y, en todo caso, la zona marítimo-terrestre, las playas, el mar territorial y los recursos naturales de la zona económica y la plataforma continental.

3. Por Ley se regularán el Patrimonio del Estado y el Patrimonio Nacional, su administración, defensa y conservación [139].

---

diciembre; RD 613/2001, de 8 junio, para la mejora y modernización de las estructuras de las explotaciones agrarias; Ley 3/2001, de 26 marzo, que regula la Pesca Marítima del Estado; Ley 5/2023, de 17 marzo, de pesca sostenible e investigación pesquera; Ley 43/2003, de 21 noviembre, de Montes; y arts. 1.1º, 9.2, 40.1, 128, 131 y 136 CE

[138] Véanse Ley 27/1984, de 26 julio, sobre Reconversión y Reindustrialización, en lo no modificado por el RDLey 7/1996, de 7 junio, sobre medidas urgentes de carácter fiscal y de fomento y liberalización de la actividad económica; Ley 21/1991, de 17 junio, por la que se crea el Consejo Económico y Social; art. 109 Ley 31/1991, de 30 diciembre, de Presupuestos Generales del Estado para 1992; y arts. 1, 9.2, 40.1, 86, 128, 130 y 149.1.13ª CE

[139] Véanse arts. 339 y ss. CC; Ley 10/1977, de 4 enero, sobre Mar Territorial; Ley 15/1978, de 20 febrero, de la Zona Económica; Ley 55/1980, de 11 noviembre, de Montes Vecinales en Mano Común; Ley 23/1982, de 16 junio, reguladora del Patrimonio Nacional, modificada por Ley 44/1995, de 27 de diciembre; RDLeg. 1/2001, de 20 julio, por el que se aprueba el texto refundido de la Ley de Aguas, modificada entre otras por Ley 16/2002, de 1 de julio, Ley 62/2003, de 30 de diciembre, 25/2009, de 22 de diciembre, RDLey 8/2011 y RDLey 17/2012, de 4 de mayo; Ley 22/1988, de 28 julio, de Costas, derogada parcialmente en lo referente a autorizaciones de vertidos al dominio público marítimo terrestre desde tierra al mar por disp. derog. única.2 de Ley 16/2002, de 1 de julio; Ley 25/1988, de 29 julio, de Carreteras, modificada entre

133. 1. La potestad originaria para establecer los tributos corresponde exclusivamente al Estado, mediante Ley.

2. Las Comunidades Autónomas y las Corporaciones locales podrán establecer y exigir tributos de acuerdo con la Constitución y las leyes.

3. Todo beneficio fiscal que afecte a los tributos del Estado deberá establecerse en virtud de Ley.

4. Las administraciones públicas sólo podrán contraer obligaciones financieras y realizar gastos de acuerdo con las leyes [140] .

134. 1. Corresponde al Gobierno la elaboración de los Presupuestos Generales del Estado, y a las Cortes Generales su examen, enmienda y aprobación.

2. Los Presupuestos Generales del Estado tendrán carácter anual, incluirán la totalidad de los gastos e ingresos del sector público estatal y en ellos se consignará el importe de los beneficios fiscales que afecten a los tributos del Estado.

3. El Gobierno deberá presentar ante el Congreso de los Diputados los Presupuestos Generales del Estado al menos tres meses antes de la expiración de los del año anterior.

4. Si la Ley de Presupuestos no se aprobara antes del primer día del ejercicio económico correspondiente, se considerarán automáticamente prorrogados los Presupuestos del ejercicio anterior hasta la aprobación de los nuevos.

5. Aprobados los Presupuestos Generales del Estado, el Gobierno podrá presentar proyectos de Ley que impliquen aumento del gasto público o disminución de los ingresos correspondientes al mismo ejercicio presupuestario.

---

otras normas por el RDLey 11/2001, de 22 de junio; Ley 33/2003, de 3 noviembre, del Patrimonio de las Administraciones Públicas, modificada por RDLey 12/2012, de 30 de marzo y Ley 2/2012, de 29 de junio, de Presupuestos Generales del Estado para 2012; y arts. 33, 38, 65.1, 128 y 149.1.22 CE

[140] Véanse Ley 58/2003, de 17 diciembre, Ley General Tributaria; Ley 47/2003, de 26 noviembre. Ley General Presupuestaria; LO 8/1980, de 22 septiembre, de Financiación de las Comunidades Autónomas, modificada, entre otras, por art. único.1 de LO 3/2009, de 18 de diciembre; LRBL; art. 45 LO 13/1982, de 10 agosto, de Reintegración y Amejoramiento del Régimen Foral de Navarra; arts. 40, 41 y 42 EAPV; RDLeg. 2/2004, de 5 marzo que aprueba el texto refundido de la Ley reguladora de las Haciendas Locales; y arts. 1.1, 2, 31, 86, 134, 149.1.14ª, 156.1 y 157 CE

6. Toda proposición o enmienda que suponga aumento de los créditos o disminución de los ingresos presupuestarios requerirá la conformidad del Gobierno para su tramitación.

7. La Ley de Presupuestos no puede crear tributos. Podrá modificarlos cuando una Ley tributaria sustantiva así lo prevea [141].

135. [142] 1. Todas las Administraciones Públicas adecuarán sus actuaciones al principio de estabilidad presupuestaria.

2. El Estado y las Comunidades Autónomas no podrán incurrir en un déficit estructural que supere los márgenes establecidos, en su caso, por la Unión Europea para sus Estados Miembros.

Una Ley orgánica fijará el déficit estructural máximo permitido al Estado y a las Comunidades Autónomas, en relación con su producto interior bruto. Las Entidades Locales deberán presentar equilibrio presupuestario.

3. El Estado y las Comunidades Autónomas habrán de estar autorizados por Ley para emitir deuda pública o contraer crédito.

Los créditos para satisfacer los intereses y el capital de la deuda pública de las Administraciones se entenderán siempre incluidos en el estado de gastos de sus presupuestos y su pago gozará de prioridad absoluta. Estos créditos no podrán ser objeto de enmienda o modificación, mientras se ajusten a las condiciones de la Ley de emisión.

El volumen de deuda pública del conjunto de las Administraciones Públicas en relación con el producto interior bruto del Estado no podrá superar el valor de referencia establecido en el Tratado de Funcionamiento de la Unión Europea.

4. Los límites de déficit estructural y de volumen de deuda pública sólo podrán superarse en caso de catástrofes naturales, recesión económica o situaciones de emergencia extraordinaria que escapen al

---

[141] Véanse arts. 133, 134 y 135 RCD; arts. 148, 149, 150 y 151 RS; Ley 11/1995, de 11 mayo, reguladora de la Utilización y Control de los Créditos destinados a Gastos Reservados, modificada con efectos de 1 enero 2012 y vigencia indefinida por disp. final 12 de RDLey 20/2011, de 30 de diciembre; Ley 11/1996, de 27 septiembre, de Medidas de Disciplina Presupuestaria; Ley 47/2003, de 26 noviembre, General Presupuestaria; RDLey 8/2010, de 20 de mayo, por el que se adoptan medidas extraordinarias para la reducción del déficit público; Ley 2/2012, de 29 de junio, de Presupuestos Generales del Estado para 2012; y arts. 31, 66.2, 75.3, 86, 87, 133 y 135.2 CE

[142] Dada nueva redacción por art. único de Constitución de 27 de septiembre de 2011, con vigencia desde 27/09/2011

control del Estado y perjudiquen considerablemente la situación financiera o la sostenibilidad económica o social del Estado, apreciadas por la mayoría absoluta de los miembros del Congreso de los Diputados.

5. Una Ley orgánica desarrollará los principios a que se refiere este artículo, así como la participación, en los procedimientos respectivos, de los órganos de coordinación institucional entre las Administraciones Públicas en materia de política fiscal y financiera. En todo caso, regulará:

a) La distribución de los límites de déficit y de deuda entre las distintas Administraciones Públicas, los supuestos excepcionales de superación de los mismos y la forma y plazo de corrección de las desviaciones que sobre uno y otro pudieran producirse.

b) La metodología y el procedimiento para el cálculo del déficit estructural.

c) La responsabilidad de cada Administración Pública en caso de incumplimiento de los objetivos de estabilidad presupuestaria.

6. Las Comunidades Autónomas, de acuerdo con sus respectivos Estatutos y dentro de los límites a que se refiere este artículo, adoptarán las disposiciones que procedan para la aplicación efectiva del principio de estabilidad en sus normas y decisiones presupuestarias [143] .

136. 1. El Tribunal de Cuentas es el supremo órgano fiscalizador de las cuentas y de la gestión económica del Estado, así como del sector público.

Dependerá directamente de las Cortes Generales y ejercerá sus funciones por delegación de ellas en el examen y comprobación de la Cuenta General del Estado.

2. Las cuentas del Estado y del sector público estatal se rendirán al Tribunal de Cuentas y serán censuradas por éste.

El Tribunal de Cuentas, sin perjuicio de su propia jurisdicción, remitirá a las Cortes Generales un informe anual en el que, cuando proceda, comunicará las infracciones o responsabilidades en que, a su juicio, se hubiere incurrido.

---

[143] Véanse LO 2/2012, de 27 de abril, de Estabilidad Presupuestaria y Sostenibilidad Financiera; art. 150 RCD; Ley 38/2006, de 7 diciembre, reguladora de la gestión de la deuda externa; y arts. 31, 133, 134, 149.1.14ª, 156 y 157 CE

3. Los miembros del Tribunal de Cuentas gozarán de la misma independencia e inamovilidad y estarán sometidos a las mismas incompatibilidades que los Jueces.

4. Una Ley orgánica regulará la composición, organización y funciones del Tribunal de Cuentas [144].

TÍTULO VIII
De la organización territorial del Estado

CAPÍTULO PRIMERO
Principios generales

137. El Estado se organiza territorialmente en municipios, en provincias y en las Comunidades Autónomas que se constituyan. Todas estas entidades gozan de autonomía para la gestión de sus respectivos intereses [145].

138. 1. El Estado garantiza la realización efectiva del principio de solidaridad, consagrado en el art. 2 de la Constitución, velando por el establecimiento de un equilibrio económico, adecuado y justo, entre las diversas partes del territorio español, y atendiendo en particular a las circunstancias del hecho insular.

---

[144] Véanse LO 2/1982, de 12 mayo, del Tribunal de Cuentas; art. 115 Ley 7/1985, de 2 abril, reguladora de las Bases de Régimen Local; Ley 7/1988, de 5 abril, de Funcionamiento del Tribunal de Cuentas; disp. adic. 17ª Ley 31/1991, de 30 diciembre, de Presupuestos Generales del Estado para 1992; arts. 21 y 29 Ley 22/1993, de 29 diciembre, de Medidas Fiscales, de Reforma del Régimen Jurídico de la Función Pública y de la Protección por Desempleo; y arts. 31, 66, 81, 117, 128.2 y 153 d) CE

[145] Véanse Ley 57/2003, 16 diciembre, de medidas para la modernización del gobierno local; RD 421/2006, de 7 abril, por el que se dispone la disolución del Ayuntamiento de Marbella; Ley 17/2009, de 23 de noviembre, (Ley Paraguas) sobre el libre acceso a las actividades de servicios y su ejercicio; Ley 25/2009, de 22 de diciembre, (Ley ómnibus) de modificación de diversas leyes para su adaptación a la Ley sobre el libre acceso a las actividades de servicios y su ejercicio; RD 2009/2009, de 23 de diciembre, por el que se modifica el Reglamento de servicios de las corporaciones locales, aprobado por Decreto de 17 de junio de 1955; Ley 2/2011, de 4 de marzo, de Economía Sostenible; RDLey 19/2012, de 25 de mayo, de medidas urgentes de liberalización del comercio y de determinados servicios; arts. 2, 140, 141, 143 a 158, disp. adic. 1ª, y disp. transit. 1ª y 7ª CE

2. Las diferencias entre los Estatutos de las distintas Comunidades Autónomas no podrán implicar, en ningún caso, privilegios económicos o sociales [146].

139. 1. Todos los españoles tienen los mismos derechos y obligaciones en cualquier parte del territorio del Estado.

2. Ninguna autoridad podrá adoptar medidas que directa o indirectamente obstaculicen la libertad de circulación y establecimiento de las personas y la libre circulación de bienes en todo el territorio español [147].

CAPÍTULO II
De la Administración Local

140. La Constitución garantiza la autonomía de los municipios. Estos gozarán de personalidad jurídica plena. Su gobierno y administración corresponde a sus respectivos Ayuntamientos, integrados por los Alcaldes y los Concejales. Los Concejales serán elegidos por los vecinos del municipio mediante sufragio universal, igual, libre, directo y secreto, en la forma establecida por la Ley. Los Alcaldes serán elegidos por los Concejales o por los vecinos. La Ley regulará las condiciones en las que proceda el régimen del concejo abierto [148].

[146] Véanse Ley 50/1985, de 27 diciembre, de Incentivos Regionales para la corrección de Desequilibrios Económicos Interterritoriales; Ley 22/2001, de 27 diciembre, de Fondos de Compensación Interterritorial; RDL 4/2019, de 22 febrero, del Régimen Especial de las Illes Balears; RD 1207/2006, de 20 octubre, por el que se regula la gestión del Fondo de Cohesión Sanitaria, modificado por disp. final 1.1 de RD 207/2010, de 26 de febrero; y arts. 1, 2, 9, 40.1, 45.2, 156 y 158 CE

[147] Véanse art. 4 Ley 21/1992, de 16 julio, de Industria; RD 390/1992, de 15 abril, sobre libertad de Establecimiento y libre prestación de Servicios en las Actividades Artesanas; y arts. 1.1, 9.2, 14, 19, 38 y 149.1.1ª CE

[148] Véanse Carta Europea de la Autonomía Local, de 15 octubre 1985 ratificada por Instrumento de 20 enero 1988; Ley 7/1985, de 2 abril, reguladora de las Bases de Régimen Local; TRRL, aprobado por RDLeg 781/1986, de 18 abril; LO 5/1985, de 19 junio, modificada por LO 8/1991, de 13 marzo; LO 7/1999, de 21 abril, de modificación de la LO 2/1979, de 3 octubre, del Tribunal Constitucional; LO 8/1999, de 21 abril, de modificación de la LO 5/1985, de 19 junio, del Régimen Electoral General; Ley 11/1999, de 21 abril, de modificación de la Ley 7/1985, de 2

141. 1. La provincia es una entidad local con personalidad jurídica propia, determinada por la agrupación de municipios y división territorial para el cumplimiento de las actividades del Estado. Cualquier alteración de los límites provinciales habrá de ser aprobada por las Cortes Generales mediante Ley orgánica.

2. El gobierno y la administración autónoma de las provincias estarán encomendados a Diputaciones u otras Corporaciones de carácter representativo.

3. Se podrán crear agrupaciones de municipios diferentes de la provincia.

4. En los archipiélagos, las islas tendrán además su administración propia en forma de Cabildos o Consejos [149].

142. Las Haciendas Locales deberán disponer de los medios suficientes para el desempeño de las funciones que la Ley atribuye a las Corporaciones respectivas y se nutrirán fundamentalmente de tributos propios y de participación en los del Estado y de las Comunidades Autónomas [150].

---

abril; Ley 57/2003, 16 diciembre, de medidas para la modernización del gobierno local; arts. 23.2, 137, 142, 143, 148.1.2º, 149.1.18ó, 151.1 y disps. transit. 3ª y 5ª CE

[149] Véanse arts. 39 y 40 Ley 7/1985, de 2 abril, reguladora de las Bases de Régimen Local, modificada últimamente por la Ley 2/2011, de 4 marzo, de Economía Sostenible; RDLeg. 781/1986, de 18 abril, por el que se aprueba el Texto refundido de las Disposiciones Legales en materia de Régimen Local; Ley 10/1993, de 21 abril, de modificación del régimen de puestos de trabajo reservados a funcionarios de la Administración Local con habilitación nacional, modificada por Ley 22/1993 (disp. adic. 9ª); LO 15/1995, de 27 diciembre, sobre Alteración de los Límites Provinciales consistente en la Segregación del Municipio de Gátova de la Provincia de Castellón y Agregación a la de Valencia; RD 3489/2000, de 29 diciembre, por el que se regula la naturaleza, composición y funciones de las Comisiones Provinciales de Colaboración del Estado con las Corporaciones Locales; LO 1/2003, de 10 marzo, para la garantía de la democracia en los Ayuntamientos y de la seguridad de los Concejales; Ley 57/2003, 16 diciembre, de medidas para la modernización del gobierno local; arts. 68.2, 69.2, 137, 140, 143, 148.1.2ª, 151, disp. adic. 1ª y disps. transit. 1ª, 3ª y 4ª CE

[150] Véanse arts. 2.2 y 6.3 LO 8/1980, de 22 septiembre, de Financiación de las Comunidades Autónomas, modificada por LO 1/1989, de 13 abril; arts. 105 a 116 Ley 7/1985, de 2 abril, reguladora de las Bases de Régimen Local; arts. 77, 78 y disp. transit. 9ª Ley 31/1991, de 30 diciembre, de Presupuestos Generales del Estado para 1992; RDLeg. 1/2004, de 4 marzo, aprueba el texto refundido de la Ley del Catastro Inmobiliario; RDLeg. 2/2004, de 5 marzo, aprueba el texto refundido de la Ley Reguladora de las Haciendas Locales; arts. 12, 15, 20, 23, 31, disp. adic. 1ª,

CAPÍTULO III
De las Comunidades Autónomas

143. 1. En el ejercicio del derecho a la autonomía reconocido en el art. 2 de la Constitución, las provincias limítrofes con características históricas, culturales y económicas comunes, los territorios insulares y las provincias con entidad regional histórica podrán acceder a su autogobierno y constituirse en Comunidades Autónomas con arreglo a lo previsto en este Título y en los respectivos Estatutos.

2. La iniciativa del proceso autonómico corresponde a todas las Diputaciones interesadas o al órgano interinsular correspondiente y a las dos terceras partes de los municipios cuya población represente, al menos, la mayoría del censo electoral de cada provincia o isla. Estos requisitos deberán ser cumplidos en el plazo de seis meses desde el primer acuerdo adoptado al respecto por alguna de las Corporaciones Locales interesadas.

3. La iniciativa, en caso de no prosperar, solamente podrá reiterarse pasados cinco años [151].

144. Las Cortes Generales, mediante Ley orgánica, podrán, por motivos de interés nacional:

a) Autorizar la constitución de una comunidad autónoma cuando su ámbito territorial no supere el de una provincia y no reúna las condiciones del apartado 1 art. 143.

b) Autorizar o acordar, en su caso, un Estatuto de autonomía para territorios que no estén integrados en la organización provincial.

c) Sustituir la iniciativa de las Corporaciones locales a que se refiere el apartado 2 art. 143 [152].

---

disps. transit. 1ª-4ª LO 2/2012, de 27 de abril, de Estabilidad Presupuestaria y Sostenibilidad Financiera; y arts. 31, 133.2, 138, 140 y 158.2 CE

[151] Véanse LO 9/1992, de 23 diciembre, de Transferencia de Competencias a las Comunidades Autónomas que accedieron a la Autonomía por la vía del art. 143 de la CE; arts. 2, 137, 139, 144, 146, y disp. adic. 1ª y disps. transit. 1ª, 3ª y 4ª CE

[152] Véanse LO 13/1980, de 16 diciembre, de sustitución en la Provincia de Almería de la Iniciativa Autonómica; LO 5/1983, de 1 marzo, por la que se aplica el art. 144.c), de la Constitución a la provincia de Segovia; LO 1/1995, de 13 marzo, de Estatuto de Autonomía de Ceuta; LO 2/1995, de 13 marzo, de Estatuto de Autonomía de Melilla; arts. 2, 137, 138.2, 143, 146, 147, 151 y disp. transit. 5ª CE

145. 1. En ningún caso se admitirá la federación de Comunidades Autónomas.

2. Los Estatutos podrán prever los supuestos, requisitos y términos en que las Comunidades Autónomas podrán celebrar convenios entre sí para la gestión y prestación de servicios propios de las mismas, así como el carácter y efectos de la correspondiente comunicación a las Cortes Generales. En los demás supuestos, los acuerdos de cooperación entre las Comunidades Autónomas necesitarán la autorización de las Cortes Generales [153].

146. El proyecto del Estatuto será elaborado por una asamblea compuesta por los miembros de la Diputación u órgano interinsular de las provincias afectadas y por los Diputados y Senadores elegidos en ellas y será elevado a las Cortes Generales para su tramitación como Ley [154].

147. 1. Dentro de los términos de la presente Constitución, los Estatutos serán la norma institucional básica de cada Comunidad Autónoma y el Estado los reconocerá y amparará como parte integrante de su ordenamiento jurídico.

2. Los Estatutos de autonomía deberán contener:

a) La denominación de la Comunidad que mejor corresponda a su identidad histórica.

b) La delimitación de su territorio.

c) La denominación, organización y sede de las instituciones autónomas propias.

d) Las competencias asumidas dentro del marco establecido en la Constitución y las bases para el traspaso de los servicios correspondientes a las mismas.

---

[153] Véanse art. 166 RCD; arts. 137, 138, 139 y 140 RS; arts. 74.2, 137, 138 y 147 CE

[154] Véanse art. 136 RCD; art. 147 RS; arts. 2, 143.1, 144 b), 147, 148, 151 y disp. transit. 2ª CE

3. La reforma de los Estatutos se ajustará al procedimiento establecido en los mismos y requerirá, en todo caso, la aprobación por las Cortes Generales, mediante Ley orgánica [155].

148. 1. Las Comunidades Autónomas podrán asumir competencias en las siguientes materias:

1ª) Organización de sus instituciones de autogobierno.

2ª) Las alteraciones de los términos municipales comprendidos en su territorio y, en general, las funciones que correspondan a la Administración del Estado sobre las Corporaciones locales y cuya transferencia autorice la legislación sobre Régimen Local.

3ª) Ordenación del territorio, urbanismo y vivienda.

4ª) Las obras públicas de interés de la Comunidad Autónoma en su propio territorio.

5ª) Los ferrocarriles y carreteras cuyo itinerario se desarrolle íntegramente en el territorio de la Comunidad Autónoma y, en los mismos términos, el transporte desarrollado por estos medios o por cable.

6ª) Los puertos de refugio, los puertos y aeropuertos deportivos y, en general, los que no desarrollen actividades comerciales.

7ª) La agricultura y ganadería, de acuerdo con la ordenación general de la economía.

8ª) Los montes y aprovechamientos forestales.

9ª) La gestión en materia de protección del medio ambiente.

10ª) Los proyectos, construcción y explotación de los aprovechamientos hidráulicos, canales y regadíos de interés de la Comunidad Autónoma; las aguas minerales y termales.

11ª) La pesca en aguas interiores, el marisqueo y la acuicultura, la caza y la pesca fluvial.

12ª) Ferias interiores.

13ª) El fomento del desarrollo económico de la Comunidad Autónoma dentro de los objetivos marcados por la política económica nacional.

14ª) La artesanía.

15ª) Museos, bibliotecas y conservatorios de música de interés para la Comunidad Autónoma.

---

[155] Véanse art. 145 RCD; arts. 2, 81, 143.1, 144 b), 145, 146, 149, 151, 152 y disp. adic. 1ª CE

16ª) Patrimonio monumental de interés de la Comunidad Autónoma.

17ª) El fomento de la cultura, de la investigación y, en su caso, de la enseñanza de la lengua de la Comunidad Autónoma.

18ª) Promoción y ordenación del turismo en su ámbito territorial.

19ª) Promoción del deporte y de la adecuada utilización del ocio.

20ª) Asistencia social.

21ª) Sanidad e higiene.

22ª) La vigilancia y protección de sus edificios e instalaciones. La coordinación y demás facultades en relación con las policías locales en los términos que establezca una Ley orgánica.

2. Transcurridos cinco años, y mediante la reforma de sus Estatutos, las Comunidades Autónomas podrán ampliar sucesivamente sus competencias dentro del marco establecido en el art. 149 [156] .

149. 1. El Estado tiene competencia exclusiva sobre las siguientes materias:

1ª) La regulación de las condiciones básicas que garanticen la igualdad de todos los españoles en el ejercicio de los derechos y en el cumplimiento de los deberes constitucionales.

2ª) Nacionalidad, inmigración, emigración, extranjería y derecho de asilo.

3ª) Relaciones internacionales.

4ª) Defensa y Fuerzas Armadas.

5ª) Administración de Justicia.

6ª) Legislación mercantil, penal y penitenciaria; legislación procesal, sin perjuicio de las necesarias especialidades que en este orden se deriven de las particularidades del derecho sustantivo de las Comunidades Autónomas.

7ª) Legislación laboral, sin perjuicio de su ejecución por los órganos de las Comunidades Autónomas.

8ª) Legislación civil, sin perjuicio de la conservación, modificación y desarrollo por las Comunidades Autónomas de los derechos civiles,

---

[156] Véanse LO 9/1992, de 23 diciembre, de transferencia de competencias a Comunidades Autónomas que accedieron a la Autonomía por la vía del art. 143 CE; LL OO 1, 2, 3, 4, 5, 6, 7, 8, 9, 10 y 11/1994, de 24 marzo, de Reforma de los Estatutos de Autonomía de Asturias, Cantabria, La Rioja, Murcia, Comunidad Valenciana, Aragón, Castilla-La Mancha, Extremadura, Islas Baleares, Comunidad de Madrid y Castilla-León, respectivamente; y arts. 2, 137, 138, 143, 146, 147, 149 y 150 CE

forales o especiales, allí donde existan. En todo caso, las reglas relativas a la aplicación y eficacia de las normas jurídicas, relaciones jurídico-civiles relativas a las formas de matrimonio, ordenación de los registros e instrumentos públicos, bases de las obligaciones contractuales, normas para resolver los conflictos de leyes y determinación de las fuentes del derecho, con respeto, en este último caso, a las normas de derecho foral o especial.

9ª) Legislación sobre propiedad intelectual e industrial.

10ª) Régimen aduanero y arancelario; comercio exterior.

11ª) Sistema monetario: divisas, cambio y convertibilidad; bases de la ordenación de crédito, banca y seguros.

12ª) Legislación sobre pesas y medidas, determinación de la hora oficial.

13ª) Bases y coordinación de la planificación general de la actividad económica.

14ª) Hacienda general y Deuda del Estado.

15ª) Fomento y coordinación general de la investigación científica y técnica.

16ª) Sanidad exterior. Bases y coordinación general de la sanidad.Legislación sobre productos farmacéuticos.

17ª) Legislación básica y régimen económico de la Seguridad Social, sin perjuicio de la ejecución de sus servicios por las Comunidades Autónomas.

18ª) Las bases del régimen jurídico de las Administraciones públicas y del régimen estatutario de los funcionarios que, en todo caso, garantizarán a los administrados un tratamiento común ante ellas; el procedimiento administrativo común, sin perjuicio de las especialidades derivadas de la organización propia de las Comunidades Autónomas; legislación sobre expropiación forzosa; legislación básica sobre contratos y concesiones administrativas y el sistema de responsabilidad de todas las Administraciones públicas.

19ª) Pesca marítima, sin perjuicio de las competencias que en la ordenación del sector se atribuyan a las Comunidades Autónomas.

20ª) Marina mercante y abanderamiento de buques; iluminación de costas y señales marítimas; puertos de interés general; aeropuertos de interés general; control del espacio aéreo, tránsito y transporte aéreo, servicio meteorológico y matriculación de aeronaves.

21ª) Ferrocarriles y transportes terrestres que transcurran por el territorio de más de una Comunidad Autónoma; régimen general de comunicaciones; tráfico y circulación de vehículos a motor; correos y telecomunicaciones; cables aéreos, submarinos y radiocomunicación.

22ª) La legislación, ordenación y concesión de recursos y aprovechamientos hidráulicos cuando las aguas discurran por más de una Comunidad Autónoma, y la autorización de las instalaciones eléctricas cuando su aprovechamiento afecte a otra Comunidad o el transporte de energía salga de su ámbito territorial.

23ª) Legislación básica sobre protección del medio ambiente, sin perjuicio de las facultades de las Comunidades Autónomas de establecer normas adicionales de protección. La legislación básica sobre montes, aprovechamientos forestales y vías pecuarias.

24ª) Obras públicas de interés general o cuya realización afecte a más de una Comunidad Autonóma.

25ª) Bases del régimen minero y energético.

26ª) Régimen de producción, comercio, tenencia y uso de armas y explosivos.

27ª) Normas básicas del régimen de prensa, radio y televisión y, en general, de todos los medios de comunicación social, sin perjuicio de las facultades que en su desarrollo y ejecución correspondan a las Comunidades Autónomas.

28ª) Defensa del patrimonio cultural, artístico y monumental español contra la exportación y la expoliación; museos, bibliotecas y archivos de titularidad estatal, sin perjuicio de su gestión por parte de las Comunidades Autónomas.

29ª) Seguridad pública, sin perjuicio de la posibilidad de creación de policías por las Comunidades Autónomas en la forma que se establezca en los respectivos Estatutos en el marco de lo que disponga una Ley orgánica.

30ª) Regulación de las condiciones de obtención, expedición y homologación de títulos académicos y profesionales y normas básicas para el desarrollo del art. 27 de la Constitución, a fin de garantizar el cumplimiento de las obligaciones de los poderes públicos en esta materia.

31ª) Estadística para fines estatales.

32ª) Autorización para la convocatoria de consultas populares por vía de referéndum.

2. Sin perjuicio de las competencias que podrán asumir las Comunidades Autónomas, el Estado considerará el servicio de la cultura

como deber y atribución esencial y facilitará la comunicación cultural entre las Comunidades Autónomas, de acuerdo con ellas.

3. Las materias no atribuidas expresamente al Estado por esta Constitución podrán corresponder a las Comunidades Autónomas, en virtud de sus respectivos Estatutos. La competencia sobre las materias que no se hayan asumido por los Estatutos de Autonomía corresponderá al Estado, cuyas normas prevalecerán, en caso de conflicto, sobre las de las Comunidades Autónomas en todo lo que no esté atribuido a la exclusiva competencia de éstas. El derecho estatal será, en todo caso, supletorio del derecho de las Comunidades Autónomas [157].

150. 1. Las Cortes Generales, en materia de competencia estatal, podrán atribuir a todas o a alguna de las Comunidades Autónomas la facultad de dictar, para sí mismas, normas legislativas en el marco de los principios, bases y directrices fijados por una Ley estatal. Sin perjuicio de la competencia de los Tribunales, en cada Ley marco se establecerá la modalidad del control de las Cortes Generales sobre estas normas legislativas de las Comunidades Autónomas.

2. El Estado podrá transferir o delegar en las Comunidades Autónomas, mediante Ley orgánica, facultades correspondientes a materia de titularidad estatal que por su propia naturaleza sean susceptibles de transferencia o delegación. La Ley preverá en cada caso la correspondiente transferencia de medios financieros, así como las formas de control que se reserve el Estado.

3. El Estado podrá dictar leyes que establezcan los principios necesarios para armonizar las disposiciones normativas de las Comunidades Autónomas, aun en el caso de materias atribuidas a la competencia de éstas, cuando así lo exija el interés general. Corresponde a las Cortes Generales, por mayoría absoluta de cada Cámara, la apreciación de esta necesidad [158].

---

[157] Véanse arts. 14, 27, 33, 45, 46, 47, 137, 138, 139, 140, 148 y 156 CE

[158] Véanse arts. 167 y 168 RCD; arts. 141 y 142 RS; LO 11/1982, de 10 agosto, de Transferencias Complementarias para Canarias; LO 5/1987, de 30 julio, de Delegación de Facultades del Estado en las Comunidades Autónomas en materia de Transporte por Carretera y por Cable; LO 9/1992, de 23 diciembre, de Transferencia de Competencias a las Comunidades Autónomas que accedieron a la autonomía por la vía del art. 143 de la Constitución; LO 2/1996, de 15 enero, complementaria de la Ordenación del Comercio Minorista, (arts. 2 y 3) derogados por disp. derog. de Ley 1/2004, de 21 de diciembre; Leyes 17 a 31/2002, de 1 julio, de cesión de Tributos

151. 1. No será preciso dejar transcurrir el plazo de cinco años, a que se refiere el apartado 2 art. 148 cuando la iniciativa del proceso autonómico sea acordada dentro del plazo del art. 143,2 además de por las Diputaciones o los órganos interinsulares correspondientes, por las tres cuartas partes de los municipios de cada una de las provincias afectadas que representen, al menos, la mayoría del censo electoral de cada una de ellas y dicha iniciativa sea ratificada mediante referéndum por el voto afirmativo de la mayoría absoluta de los electores de cada provincia en los términos que establezca una Ley orgánica.

2. En el supuesto previsto en el apartado anterior, el procedimiento para la elaboración del Estatuto será el siguiente:

1º) El Gobierno convocará a todos los Diputados y Senadores elegidos en las circunscripciones comprendidas en el ámbito territorial que pretenda acceder al autogobierno, para que se constituyan en Asamblea, a los solos efectos de elaborar el correspondiente proyecto de Estatuto de autonomía, mediante el acuerdo de la mayoría absoluta de sus miembros.

2º) Aprobado el proyecto de Estatuto por la Asamblea de Parlamentarios, se remitirá a la Comisión Constitucional del Congreso, la cual, dentro del plazo de dos meses, lo examinará con el concurso y asistencia de una delegación de la Asamblea proponente para determinar de común acuerdo su formulación definitiva.

3º) Si se alcanzare dicho acuerdo, el texto resultante será sometido a referéndum del cuerpo electoral de las provincias comprendidas en el ámbito territorial del proyectado Estatuto.

4º) Si el proyecto de Estatuto es aprobado en cada provincia por la mayoría de los votos válidamente emitidos, será elevado a las Cortes Generales. Los Plenos de ambas Cámaras decidirán sobre el texto mediante un voto de ratificación. Aprobado el Estatuto, el Rey lo sancionará y lo promulgará como Ley.

5º) De no alcanzarse el acuerdo a que se refiere el apartado 2 de este número, el proyecto de Estatuto será tramitado como proyecto de Ley ante las Cortes Generales. El texto aprobado por éstas será sometido a referéndum del cuerpo electoral de las provincias comprendidas en

---

del Estado a las Comunidades Autónomas y de ficción del alcance y condiciones de dichas cesiones; LO 6/1997, de 15 diciembre, de Transferencia de Competencias Ejecutivas en Materia de Tráfico y Circulación de Vehículos a Motor a la Comunidad Autónoma de Cataluña; LO 6/1999, de 6 abril, de Transferencia de Competencias a la Comunidad Autónoma de Galicia; y arts. 2, 138, 148, 149 y 152 CE

el ámbito territorial del proyectado Estatuto. En caso de ser aprobado por la mayoría de los votos válidamente emitidos en cada provincia, procederá su promulgación en los términos del párrafo anterior.

3. En los casos de los párrafos 4 y 5 del apartado anterior, la no aprobación del proyecto de Estatuto por una o varias provincias no impedirá la constitución entre las restantes de la Comunidad Autónoma proyectada en la forma que establezca la Ley orgánica prevista en el apartado 1 de este artículo [159].

152. 1. En los Estatutos aprobados por el procedimiento a que se refiere el artículo anterior, la organización institucional autonómica se basará en una Asamblea Legislativa, elegida por sufragio universal, con arreglo a un sistema de representación proporcional que asegure, además, la representación de las diversas zonas del territorio; un Consejo de Gobierno con funciones ejecutivas y administrativas y un Presidente, elegido por la Asamblea, de entre sus miembros, y nombrado por el Rey, al que corresponde la dirección del Consejo de Gobierno, la suprema representación de la respectiva Comunidad y la ordinaria del Estado en aquélla. El Presidente y los miembros del Consejo de Gobierno serán políticamente responsables ante la Asamblea.

Un Tribunal Superior de Justicia, sin perjuicio de la jurisdicción que corresponde al Tribunal Supremo, culminará la organización judicial en el ámbito territorial de la Comunidad Autónoma. En los Estatutos de las Comunidades Autónomas podrán establecerse los supuestos y las formas de participación de aquéllas en la organización de las demarcaciones judiciales del territorio. Todo ello de conformidad con lo previsto en la Ley orgánica del poder judicial y dentro de la unidad e independencia de éste.

Sin perjuicio de lo dispuesto en el art. 123 las sucesivas instancias procesales, en su caso, se agotarán ante órganos judiciales radicados en el mismo territorio de la Comunidad Autónoma en que esté el órgano competente en primera instancia.

2. Una vez sancionados y promulgados los respectivos Estatutos, solamente podrán ser modificados mediante los procedimientos en

---

[159] Véanse art. 8.4 LO 2/1980, de 18 enero, sobre regulación de las distintas Modalidades de Referéndum, modificada por LO 12/1980, de 16 diciembre; LO 13/1980, de 16 diciembre, de sustitución en la Provincia de Almería de la Iniciativa Autonómica; arts. 1, 2, 137, 143.2, 148.2 y 152 y disp. transit. 2ª CE

ellos establecidos y con referéndum entre los electores inscritos en los censos correspondientes.

3. Mediante la agrupación de municipios limítrofes, los Estatutos podrán establecer circunscripciones territoriales propias, que gozarán de plena personalidad jurídica [160].

153. El control de la actividad de los órganos de las Comunidades Autónomas se ejercerá:

a) Por el Tribunal Constitucional, el relativo a la constitucionalidad de sus disposiciones normativas con fuerza de Ley.

b) Por el Gobierno, previo dictamen del Consejo de Estado, el del ejercicio de funciones delegadas a que se refiere el apartado 2 art. 150.

c) Por la jurisdicción contencioso-administrativa, el de la administración autónoma y sus normas reglamentarias.

d) Por el Tribunal de Cuentas, el económico y presupuestario [161].

154. Un Delegado nombrado por el Gobierno dirigirá la Administración del Estado en el territorio de la Comunidad Autónoma y la coordinará, cuando proceda, con la administración propia de la Comunidad [162].

---

[160] Véanse arts. 70 y ss. LOPJ; arts. 32 y ss. Ley 38/1988, de 28 diciembre, de Demarcación y Planta Judicial, arts. 42 a 45 Ley 7/1985, de 2 abril, de Bases de Régimen Local; art. 10 y disp. adic. 6ª LRJCA; LO 6/1998, de 13 julio, de reforma de la Ley Orgánica del Poder Judicial; RD 3426/2000, de 15 diciembre, por el que se regula el procedimiento de deslinde de términos municipales pertenecientes a las distintas Comunidades Autónomas; Orden TER/3409/2009, de 18 de diciembre, por el que se dispone la publicación del Reglamento interno de la Conferencia de Presidentes; arts. 2, 123, 137, 143, 147, 148 y 151 y disp. adic. 4ª CE

[161] Véanse LOTC; LO 3/1980, de 22 abril, del Consejo de Estado; LRJCA; LO 2/1982, de 12 mayo, del Tribunal de Cuentas; art. 21 LO 9/1992, de 23 diciembre, de transferencias de competencias a las Comunidades Autónomas que accedieron a la autonomía por la vía del art. 143 de la Constitución; arts. 102 y 103 LRJAPC, modificada por la Ley 4/1999, de 13 enero; y arts. 2, 106, 107, 136, 150.1 y 2, 161 y 162.1 a) CE

[162] Véanse art. 23 Ley 12/1983, de 14 octubre, del Proceso autonómico; Ley 6/1997, de 14 abril, de Organización y Funcionamiento de la Administración General del Estado; RD 617/1997, de 25 abril, de Subdelegados de Gobierno y Directores Insulares de la Administración General del Estado; RD 1330/1997, de 1 agosto, de integración de servicios periféricos en las Delegaciones del Gobierno; art. 77 Ley 53/2002, de 30 diciembre, de Medidas Fiscales, Administrativas y de Orden Social; arts. 2, 103, 148, 149 y 153 CE

155. 1. Si una Comunidad Autónoma no cumpliere las obligaciones que la Constitución u otras leyes le impongan, o actuare de forma que atente gravemente al interés general de España, el Gobierno, previo requerimiento al Presidente de la Comunidad Autónoma y, en el caso de no ser atendido, con la aprobación por mayoría absoluta del Senado, podrá adoptar las medidas necesarias para obligar a aquélla al cumplimiento forzoso de dichas obligaciones o para la protección del mencionado interés general.

2. Para la ejecución de las medidas previstas en el apartado anterior, el Gobierno podrá dar instrucciones a todas las autoridades de las Comunidades Autónomas [163].

156. 1. Las Comunidades Autónomas gozarán de autonomía financiera para el desarrollo y ejecución de sus competencias con arreglo a los principios de coordinación con la Hacienda estatal y de solidaridad entre todos los españoles.

2. Las Comunidades Autónomas podrán actuar como delegados o colaboradores del Estado para la recaudación, la gestión y la liquidación de los recursos tributarios de aquél, de acuerdo con las leyes y los Estatutos [164].

---

[163] Véanse art. 189 RS; art. 6 LO 1/2003, de 10 marzo, para la garantía de la democracia en los Ayuntamientos y la Seguridad de los Concejales; arts. 25 y 26 LO 2/2012, de 27 de abril, de Estabilidad Presupuestaria y Sostenibilidad Financiera; arts. 2, 135, 152, 153, 154, 161 y 162 CE

[164] Véanse Ley 20/1993, de 29 diciembre, sobre Concesión de Créditos Extraordinarios a las Secciones 32 y 33 de los Presupuestos Generales del Estado para 1993, para aplicar el Acuerdo sobre el Sistema de Financiación Autonómica en el período 1992-1996; RDLey 7/1997, de 14 abril, por el que se aprueban los Porcentajes de Participación de las Comunidades Autónomas en los Ingresos del Estado para el quinquenio 1997-2001; Ley 18/2001, de 12 diciembre, General de Estabilidad Presupuestaria; Ley 15/2006, de 26 mayo, de reforma de la Ley 18/2001, de 12 diciembre, General de Estabilidad presupuestaria; LO 3/2009, de 18 de diciembre, de modificación de LO 8/1980, de 22 de septiembre, de Financiación de las Comunidades Autónomas; Ley 22/2009, de 18 de diciembre, por la que se regula el sistema de financiación de las Comunidades Autónomas de régimen común y Ciudades con Estatuto de Autonomía y se modifican determinadas normas tributarias; Ley 23/2009, de 18 de diciembre, de modificación de la Ley 22/2001, de 27 de diciembre, reguladora de los Fondos de Compensación Interterritorial; LO 2/2012, de 27 de abril, de Estabilidad Presupuestaria y Sostenibilidad Financiera; arts. 2, 128, 131, 133.2, 135, 138, 142, 147 y disps. adic. 1ª y 3ª CE

157. 1. Los recursos de las Comunidades Autónomas estarán constituidos por:

a) Impuestos cedidos total o parcialmente por el Estado; recargos sobre impuestos estatales y otras participaciones en los ingresos del Estado.

b) Sus propios impuestos, tasas y contribuciones especiales.

c) Transferencias de un Fondo de Compensación interterritorial y otras asignaciones con cargo a los Presupuestos Generales del Estado.

d) Rendimientos procedentes de su patrimonio e ingresos de derecho privado.

e) El producto de las operaciones de crédito.

2. Las Comunidades Autónomas no podrán en ningún caso adoptar medidas tributarias sobre bienes situados fuera de su territorio o que supongan obstáculo para la libre circulación de mercancías o servicios.

3. Mediante Ley orgánica podrá regularse el ejercicio de las competencias financieras enumeradas en el precedente apartado 1, las normas para resolver los conflictos que pudieran surgir y las posibles formas de colaboración financiera entre las Comunidades Autónomas y el Estado [165].

158. 1. En los Presupuestos Generales del Estado podrá establecerse una asignación a las Comunidades Autónomas en función del volumen de los servicios y actividades estatales que hayan asumido y de la garantía de un nivel mínimo en la prestación de los servicios públicos fundamentales en todo el territorio español.

2. Con el fin de corregir desequilibrios económicos interterritoriales y hacer efectivo el principio de solidaridad, se constituirá un Fondo de Compensación con destino a gastos de inversión, cuyos recursos

---

[165] Véanse art. 11 LO 8/1980, de 22 septiembre, de Financiación de las Comunidades Autónomas, modificada por LO 1/1989, de 13 abril y LO 7/2001, de 27 diciembre; LO 3/1996, de 27 diciembre, de modificación parcial de la LO 8/1980, de 22 septiembre; art. 46 Ley 21/2001, de 27 diciembre, de medidas administrativas y fiscales del nuevo sistema de financiación de las Comunidades Autónomas de Régimen Común y Ciudades con Estatuto de Autonomía; LO 3/2009, de 18 de diciembre, de modificación de la LO 8/1980, de 22 de septiembre; Ley 22/2009, de 18 de diciembre, por la que se regula el sistema de financiación de las Comunidades Autónomas de régimen común y Ciudades con Estatuto de Autonomía y se modifican determinadas normas tributarias; LO 2/2012, de 27 de abril, de Estabilidad Presupuestaria y Sostenibilidad Financiera; arts. 2, 133.2, 138, 139.2, 142, 156, 158 y disps. adic. 1ª y 3ª CE

serán distribuidos por las Cortes Generales entre las Comunidades Autónomas y provincias, en su caso [166].

TÍTULO IX
Del Tribunal Constitucional

159. 1. El Tribunal Constitucional se compone de 12 miembros nombrados por el Rey; de ellos, cuatro a propuesta del Congreso por mayoría de tres quintos de sus miembros; cuatro a propuesta del Senado, con idéntica mayoría; dos a propuesta del Gobierno, y dos a propuesta del Consejo General del Poder Judicial.

2. Los miembros del Tribunal Constitucional deberán ser nombrados entre Magistrados y Fiscales, Profesores de Universidad, funcionarios públicos y Abogados, todos ellos juristas de reconocida competencia con más de quince años de ejercicio profesional.

3. Los miembros del Tribunal Constitucional serán designados por un período de nueve años y se renovarán por terceras partes cada tres.

4. La condición de miembro del Tribunal Constitucional es incompatible: con todo mandato representativo; con los cargos políticos o administrativos; con el desempeño de funciones directivas en un partido político o en un sindicato y con el empleo al servicio de los mismos; con el ejercicio de las carreras judicial y fiscal, y con cualquier actividad profesional o mercantil.

En lo demás, los miembros del Tribunal Constitucional tendrán las incompatibilidades propias de los miembros del poder judicial.

5. Los miembros del Tribunal Constitucional serán independientes e inamovibles en el ejercicio de su mandato [167].

---

[166] Véanse art. 16 LO 8/1980, de 22 septiembre, de Financiación de las Comunidades Autónomas; Ley 22/2001, de 27 diciembre, reguladora de los Fondos de Compensación Interterritorial; LO 3/2009, de 18 de diciembre, de modificación de LO 8/1980, de 22 de septiembre; Ley 23/2009, de 18 de diciembre, de modificación de la Ley 22/2001, de 27 de diciembre; arts. 2, 74.2, 131.2, 138.1, 142, 156 y 157 CE

[167] Véanse arts. 10 f), 16 a 26 y 80 LOTC, modificada por LO 6/2007, de 24 mayo; arts. 389 y ss. LOPJ; LO 8/2010, de 4 de noviembre, de reforma de la LO 5/1985, de 19 de junio, del Régimen Electoral General, y de la LO 2/1979, de 3 de octubre, del Tribunal Constitucional (art. Segundo, que añade un ap. 5 al art. 16 de la LOTC); arts. 70.1 a), 127, 160, 161, 162, 163, 164, 165 y disp. transit. 9ª CE

160. El Presidente del Tribunal Constitucional será nombrado entre sus miembros por el Rey, a propuesta del mismo Tribunal en pleno y por un período de tres años [168].

161. 1. El Tribunal Constitucional tiene jurisdicción en todo el territorio español y es competente para conocer:

a) Del recurso de inconstitucionalidad contra leyes y disposiciones normativas con fuerza de Ley. La declaración de inconstitucionalidad de una norma jurídica con rango de Ley, interpretada por la jurisprudencia, afectará a ésta, si bien la sentencia o sentencias recaídas no perderán el valor de cosa juzgada.

b) Del recurso de amparo por violación de los derechos y libertades referidos en el art. 53,2 de esta Constitución, en los casos y formas que la Ley establezca.

c) De los conflictos de competencia entre el Estado y las Comunidades Autónomas o de los de éstas entre sí.

d) De las demás materias que le atribuyan la Constitución o las leyes orgánicas.

2. El Gobierno podrá impugnar ante el Tribunal Constitucional las disposiciones y resoluciones adoptadas por los órganos de las Comunidades Autónomas. La impugnación producirá la suspensión de la disposición o resolución recurrida, pero el Tribunal, en su caso, deberá ratificarla o levantarla en un plazo no superior a cinco meses [169].

162. 1. Están legitimados:

a) Para interponer el recurso de inconstitucionalidad, el Presidente del Gobierno, el Defensor del Pueblo, 50 Diputados, 50 Senadores, los órganos colegiados ejecutivos de las Comunidades Autónomas y, en su caso, las Asambleas de las mismas.

---

[168] Véanse arts. 9 y 16 LOTC, modificada por la LO 6/2007, de 24 mayo; arts. 14 y ss. ROPTC, Ac. 5 julio 1990; y art. 159 CE

[169] Véanse arts. 27 y ss., 31 y ss., 38 y ss., 41 y ss., 55 y ss., 59 y ss., 64, 73 y ss. y 76 y 77; LOTC; LO 1/2010, de 19 de febrero, de modificación de las Leyes orgánicas del Tribunal Constitucional y del Poder Judicial (Normas forales Vascas); disp. adic. 3ª LO 2/2012, de 27 de abril, de Estabilidad Presupuestaria y Sostenibilidad Financiera; arts. 9.1, 53, 55.2, 159, 162, 163, 164 y 165 CE

b) Para interponer el recurso de amparo, toda persona natural o jurídica que invoque un interés legítimo, así como el Defensor del Pueblo y el Ministerio Fiscal.

2. En los demás casos, la Ley orgánica determinará las personas y órganos legitimados [170].

163. Cuando un órgano judicial considere, en algún proceso, que una norma con rango de Ley, aplicable al caso, de cuya validez dependa el fallo, pueda ser contraria a la Constitución, planteará la cuestión ante el Tribunal Constitucional en los supuestos, en la forma y con los efectos que establezca la Ley, que en ningún caso serán suspensivos [171].

164. 1. Las sentencias del Tribunal Constitucional se publicarán en el Boletín Oficial del Estado con los votos particulares, si los hubiere. Tienen el valor de cosa juzgada a partir del día siguiente de su publicación y no cabe recurso alguno contra ellas. Las que declaren la inconstitucionalidad de una Ley o de una norma con fuerza de Ley y todas las que no se limiten a la estimación subjetiva de un derecho, tienen plenos efectos frente a todos.

2. Salvo que en el fallo se disponga otra cosa, subsistirá la vigencia de la Ley en la parte no afectada por la inconstitucionalidad [172].

165. Una Ley orgánica regulará el funcionamiento del Tribunal Constitucional, el estatuto de sus miembros, el procedimiento ante el mismo y las condiciones para el ejercicio de las acciones [173].

---

[170] Véanse arts. 32 y ss. 46 y ss., 59 y 73 y ss. LOTC; arts. 24, 53, 54, 122, 124, 161, 164 y 165 CE

[171] Véanse arts. 35 y ss. LOTC; art. 5 LOPJ; art. 5.1ª LO 4/1987, de 15 julio, de la Competencia y Organización de la Jurisdicción Militar; arts. 9.1, 53, 55.2, 117.1, 161 y 164 CE

[172] Véanse arts. 38 y ss., 55 y ss. y 90.2 LOTC; art. 5.1 LOPJ; arts. 161, 162 y 163 CE

[173] Véanse LOTC, modificada por la LO 4/1985, de 7 junio por la que se deroga el Cap. II del Tít. VI de la LOTC, y LO 6/1988, de 9 junio por que se modifican los arts. 50 y 86 de la LOTC, y modificada por LO 6/2007, de 24 mayo (arts. 9 y 16); LO 8/2010, de 4 de noviembre, de reforma de la LO 5/1985, de 19 de junio, del Régimen Electoral General, y de la LO 2/1979, de 3 de octubre, del Tribunal

TÍTULO X
De la reforma constitucional

166. La iniciativa de reforma constitucional se ejercerá en los términos previstos en los apartados 1 y 2 del art. 87 [174].

167. 1. Los proyectos de reforma constitucional deberán ser aprobados por una mayoría de tres quintos de cada una de las Cámaras. Si no hubiera acuerdo entre ambas, se intentará obtenerlo mediante la creación de una Comisión de composición paritaria de Diputados y Senadores, que presentará un texto que será votado por el Congreso y el Senado.

2. De no lograrse la aprobación mediante el procedimiento del apartado anterior, y siempre que el texto hubiere obtenido el voto favorable de la mayoría absoluta del Senado, el Congreso, por mayoría de dos tercios, podrá aprobar la reforma.

3. Aprobada la reforma por las Cortes Generales, será sometida a referéndum para su ratificación cuando así lo soliciten, dentro de los quince días siguientes a su aprobación, una décima parte de los miembros de cualquiera de las Cámaras [175].

168. 1. Cuando se propusiere la revisión total de la Constitución o una parcial que afecte al Título preliminar, al Capítulo segundo, Sección primera del Título I, o al Título II, se procederá a la aprobación del principio por mayoría de dos tercios de cada Cámara, y a la disolución inmediata de las Cortes.

Constitucional (art. Segundo, que añade un ap. 5 al art. 16 de la LOTC); LO 1/2010, de 19 de febrero, de modificación de las Leyes orgánicas del Tribunal Constitucional y del Poder Judicial (Normas forales Vascas); LO 2/2012, de 27 de abril, de Estabilidad Presupuestaria y Sostenibilidad Financiera (Disposición Adicional Tercera); LO 5/1985, de 19 junio, del Régimen Electoral General; ROPTC, de 5 julio 1990; Ac. 6 julio 2023, por el que se establece el régimen de días inhábiles en los procesos constitucionales; Ac. 18 junio 1996, del Pleno del TC, sobre asistencia jurídica gratuita en los procesos de amparo constitucional; Ac. 20 enero 2000, del Pleno del TC, por el que se aprueban normas sobre tramitación de los recursos de amparo a que se refiere la LO 5/1985, de 19 junio, del Régimen Electoral General; LO 6/2007, de 24 mayo, de modificación de la LOTC; arts. 81, 159, 160, 161, 162, 163 y 164 CE

[174] Véanse arts. 87.1 y 2, 167, 168 y 169 CE

[175] Véanse LO 2/1980, de 18 enero, de regulación de distintas Modalidades de Referéndum; art. 146 RCD; arts. 152 a 158 RS; arts. 87, 89, 93, 95, 168 y 169 CE

2. Las Cámaras elegidas deberán ratificar la decisión y proceder al estudio del nuevo texto constitucional, que deberá ser aprobado por mayoría de dos tercios de ambas Cámaras.

3. Aprobada la reforma por las Cortes Generales, será sometida a referéndum para su ratificación [176].

169. No podrá iniciarse la reforma constitucional en tiempo de guerra o de vigencia de alguno de los estados previstos en el art. 116 [177].

DISPOSICIONES ADICIONALES

Disposición Adicional Primera. La Constitución ampara y respeta los derechos históricos de los territorios forales.

La actualización general de dicho régimen foral se llevará a cabo, en su caso, en el marco de la Constitución y de los Estatutos de Autonomía [178].

Disposición Adicional Segunda. La declaración de mayoría de edad contenida en el art. 12 de esta Constitución no perjudica las

---

[176] Véanse art. 147 RCD; y arts. 87, 95, 166, 167, 169 CE

[177] Véanse art. 4 LO 2/1980, de 18 enero, reguladora de las distintas Modalidades del Referéndum; LO 4/1981, de 1 junio, reguladora de los Estados de Alarma, Excepción y Sitio; y art. 116 CE.

[178] Véanse arts. 1, 2, 3, 45, 49 y 71 LO 13/1982 de 10 agosto, de Reintegración y Amejoramiento del Régimen Foral de Navarra; arts. 14, 17, 37, 40 EAPV; Ley 27/1983, de 25 noviembre, de relación entre las Instituciones Comunes de la Comunidad Autónoma del País Vasco y los Órganos Forales de sus Territorios Históricos; Ley 12/2002, de 23 mayo, por el que se aprueba el Concierto Económico con la Comunidad Autónoma del País Vasco; LO 4/2002, de 23 mayo, complementaria de la Ley por la que se aprueba el Concierto Económico con la Comunidad Autónoma del País Vasco; Ley 28/2007, de 25 octubre, por la que se modifica la Ley 12/2002, de 23 mayo, por la que se aprueba el Concierto Económico con la comunidad del País Vasco; Ley 29/2007, de 25 octubre, por la que se aprueba la metodología de señalamiento del cupo del País Vasco para el quinquenio 2007-2001; Ley 48/2007, de 19 diciembre, por la que se aprueba la modificación del Convenio Económico entre el Estado y la Comunidad Foral Navarra; y arts. 1, 2, 137, 138.2, disp. transit. 4ª, y disp. derog. CE

situaciones amparadas por los derechos forales en el ámbito del Derecho privado [179].

Disposición Adicional Tercera. La modificación del régimen económico y fiscal del archipiélago canario requerirá informe previo de la Comunidad Autónoma o, en su caso, del órgano provisional autonómico [180].

Disposición Adicional Cuarta. En las Comunidades Autónomas donde tengan su sede más de una Audiencia Territorial, los Estatutos de Autonomía respectivos podrán mantener las existentes, distribuyendo las competencias entre ellas, siempre de conformidad con lo previsto en la Ley Orgánica del Poder Judicial y dentro de la unidad e independencia de éste [181].

DISPOSICIONES TRANSITORIAS

Disposición Transitoria Primera. En los territorios dotados de un régimen provisional de autonomía, sus órganos colegiados superiores, mediante acuerdo adoptado por la mayoría absoluta de sus miembros, podrán sustituir la iniciativa que el apartado 2 art. 143 atribuye a las Diputaciones Provinciales o a los órganos interinsulares correspondientes [182].

Disposición Transitoria Segunda. Los territorios que en el pasado hubiesen plebiscitado afirmativamente proyectos de Estatuto de autonomía y cuenten, al tiempo de promulgarse esta Constitución, con re-

---

[179] Véanse arts. 12, 149.1.1ª y 149.1.8ª CE
[180] Véanse disp. adic. 4ª LO 8/1980, de 22 septiembre, de Financiación de las Comunidades Autónomas; art. 61 y tít VI EACan; Ley 20/1991, de 7 junio, de modificación de los aspectos fiscales del Régimen Económico Fiscal de Canarias; Ley 19/1994, de 6 julio, de modificación del Régimen Económico y Fiscal de Canarias y arts. 2, 133, 138.1, 141.4, 149.1.13ª y 14ª, 156 y 157 CE
[181] Véanse disp. adic. 2ª y 3ª LOPJ; Ley 38/1988, de 28 diciembre, de Demarcación y Planta Judicial; y arts. 117, 122, 123 y 152.1 de la presente Ley
[182] Véanse arts. 2, 137, 143 y disp. transit. 7ª de la presente Ley

gímenes provisionales de autonomía podrán proceder inmediatamente en la forma que se prevé en el apartado 2 art. 148 cuando así lo acordaren, por mayoría absoluta, sus órganos preautonómicos colegiados superiores, comunicándolo al Gobierno. El proyecto de Estatuto será elaborado de acuerdo con lo establecido en el art. 151, núm 2 a convocatoria del órgano colegiado preautonómico [183].

Disposición Transitoria Tercera. La iniciativa del proceso autonómico por parte de las Corporaciones locales o de sus miembros, prevista en el apartado 2 art. 143 se entiende diferida, con todos sus efectos, hasta la celebración de las primeras elecciones locales una vez vigente la Constitución [184].

Disposición Transitoria Cuarta. 1. En el caso de Navarra, y a efectos de su incorporación al Consejo General Vasco o al régimen autonómico vasco que le sustituya, en lugar de lo que establece el art. 143 de la Constitución, la iniciativa corresponde al Organo Foral competente, el cual adoptará su decisión por mayoría de los miembros que lo componen. Para la validez de dicha iniciativa será preciso, además, que la decisión del Organo Foral competente sea ratificada por referéndum expresamente convocado al efecto, y aprobado por mayoría de los votos válidos emitidos.

2. Si la iniciativa no prosperase, solamente se podrá reproducir la misma en distinto período del mandato del Organo Foral competente, y en todo caso, cuando haya transcurrido el plazo mínimo que establece el art. 143 [185].

Disposición Transitoria Quinta. Las ciudades de Ceuta y Melilla podrán constituirse en Comunidades Autónomas si así lo deciden sus respectivos Ayuntamientos, mediante acuerdo adoptado por la

---

[183] Véanse Estatuto de Autonomía del País Vasco, LO 3/1979, de 18 diciembre; Estatuto de Autonomía de Cataluña, LO 4/1979, de 18 de diciembre, derogado por la LO 6/2006, de 19 de julio, de Reforma del Estatuto de Autonomía de Cataluña; Estatuto de Autonomía de Galicia, LO 1/1981, de 6 abril; y arts. 2, 137, 148.2 y 151 CE

[184] Véanse arts. 2, 137, 143, 144 y 148.2 CE

[185] Véanse arts. 2.2, 45 y 47 Estatuto de Autonomía del País Vasco, LO 3/1979, de 18 diciembre; disp. adic. 2ª LO 13/1982, de 10 agosto, de Reintegración y Amejoramiento del Régimen Foral de Navarra; arts. 2, 143, 151 y disp. adic. 1ª CE

mayoría absoluta de sus miembros y así lo autorizan las Cortes Generales, mediante una Ley orgánica, en los términos previstos en el art. 144 [186].

Disposición Transitoria Sexta. Cuando se remitieran a la Comisión Constitucional del Congreso varios proyectos de Estatuto, se dictaminarán por el orden de entrada en aquélla, y el plazo de dos meses a que se refiere el art. 151 empezará a contar desde que la Comisión termine el estudio del proyecto o proyectos que sucesivamente haya conocido [187].

Disposición Transitoria Séptima. Los organismos provisionales autonómicos se considerarán disueltos en los siguientes casos:

a) Una vez constituidos los órganos que establezcan los Estatutos de Autonomía aprobados conforme a esta Constitución.

b) En el supuesto de que la iniciativa del proceso autonómico no llegara a prosperar por no cumplir los requisitos previstos en el art. 143.

c) Si el organismo no hubiera ejercido el derecho que le reconoce la disposición transitoria primera en el plazo de tres años [188].

Disposición Transitoria Octava. 1. Las Cámaras que han aprobado la presente Constitución asumirán, tras la entrada en vigor de la misma, las funciones y competencias que en ella se señalan, respectivamente, para el Congreso y el Senado, sin que en ningún caso el mandato se extienda más allá del 15 de junio de 1981.

2. A los efectos de lo establecido en el art. 99 la promulgación de la Constitución se considerará como supuesto constitucional en el que procede su aplicación. A tal efecto, a partir de la citada promulgación se abrirá un período de treinta días para la aplicación de lo dispuesto en dicho artículo.

Durante este período, el actual Presidente del Gobierno, que asumirá las funciones y competencias que para dicho cargo establece

---

[186] Véanse LO 1/1995, de 13 marzo, de Estatuto de Autonomía de Ceuta; LO 2/1995, de 13 marzo, de Estatuto de Autonomía de Melilla; Ley 21/2001, de 27 diciembre, de medidas administrativas y fiscales del nuevo sistema de financiación de las Comunidades Autónomas de Régimen Común y Ciudades con Estatuto de Autonomía; arts. 2, 137 y 144 CE

[187] Véanse arts. 2, 137 y 151 CE

[188] Véanse arts. 2, 143, disp. transit. 1ª y 2ª CE

la Constitución, podrá optar por utilizar la facultad que le reconoce el art. 115 o dar paso, mediante la dimisión, a la aplicación de lo establecido en el art. 99 quedando en este último caso en la situación prevista en el apartado 2 del art. 101.

3. En caso de disolución, de acuerdo con lo previsto en el art. 115 y si no se hubiera desarrollado legalmente lo previsto en los arts. 68 y 69 serán de aplicación en las elecciones las normas vigentes con anterioridad, con las solas excepciones de que en lo referente a inelegibilidades e incompatibilidades se aplicará directamente lo previsto en el inciso segundo letra b) apartado 1 art. 70 de la Constitución, así como lo dispuesto en la misma respecto a la edad para el voto y lo establecido en el art. 69,3 [189].

Disposición Transitoria Novena. A los tres años de la elección por vez primera de los miembros del Tribunal Constitucional, se procederá por sorteo para la designación de un grupo de cuatro miembros de la misma procedencia electiva que haya de cesar y renovarse. A estos solos efectos se entenderán agrupados como miembros de la misma procedencia a los dos designados a propuesta del Gobierno y a los dos que proceden de la formulada por el Consejo General del Poder Judicial. Del mismo modo se procederá transcurridos otros tres años entre los dos grupos no afectados por el sorteo anterior. A partir de entonces se estará a lo establecido en el número 3 del art. 159 [190].

DISPOSICIÓN DEROGATORIA

Disposición Derogatoria. 1. Queda derogada la Ley 1/1977, de 4 de enero, para la Reforma Política, así como, en tanto en cuanto no estuvieran ya derogadas por la anteriormente mencionada Ley, la de Principios del Movimiento Nacional, de 17 de mayo de 1958; el Fuero de los Españoles, de 17 de julio de 1945; el del Trabajo, de 9 de marzo de 1938; la Ley Constitutiva de las Cortes, de 17 de julio de 1942; la Ley de Sucesión de la Jefatura del Estado, de 26 de julio de 1947, todas ellas modificadas por la Ley Orgánica del Estado, de 10 de enero

---

[189] Véanse arts. 66, 68, 69, 70, 99, 101, 115 y disp. final CE
[190] Véanse art. 16.2 y disp. transit. 3ª LOTC; y art. 159.3 CE

de 1967, y en los mismos términos esta última y la de Referéndum Nacional de 22 de octubre de 1945.

2. En tanto en cuanto pudiera conservar alguna vigencia, se considera definitivamente derogada la Ley de 25 de octubre de 1839 en lo que pudiera afectar a las provincias de Alava, Guipúzcoa y Vizcaya.

En los mismos términos se considera definitivamente derogada la Ley de 21 de julio de 1876.

3. Asimismo quedan derogadas cuantas disposiciones se opongan a lo establecido en esta Constitución [191].

DISPOSICIÓN FINAL

Disposición Final. Esta Constitución entrará en vigor el mismo día de la publicación de su texto oficial en el Boletín Oficial del Estado. Se publicará también en las demás lenguas de España [192].

---

[191] Véanse arts. 9, 137, 151, disp. adic. 1ª y disp. transit. 2ª CE
[192] Véase art. 3 CE

2. LOTC

I. Ley Orgánica 2/1979, de 3 de octubre, del Tribunal Constitucional

Última reforma de la presente disposición realizada por LO 2/2024, de 1 de agosto, de representación paritaria y presencia equilibrada de mujeres y hombres

TÍTULO PRIMERO
Del Tribunal Constitucional

CAPÍTULO PRIMERO
Del Tribunal Constitucional, su organización y atribuciones

1. 1. El Tribunal Constitucional, como intérprete supremo de la Constitución, es independiente de los demás órganos constitucionales y está sometido sólo a la Constitución y a la presente Ley Orgánica.

2. Es único en su orden y extiende su jurisdicción a todo el territorio nacional [193].

2. 1. El Tribunal Constitucional conocerá en los casos y en la forma que esta Ley determina:

a) Del recurso y de la cuestión de inconstitucionalidad contra Leyes, disposiciones normativas o actos con fuerza de Ley.

b) Del recurso de amparo por violación de los derechos y libertades públicos relacionados en el art. 53.2 de la Constitución.

c) De los conflictos constitucionales de competencia entre el Estado y las Comunidades autónomas o de los de éstas entre sí.

---

[193] Véanse arts. 159, 161 CE y art. 5.1 LOPJ

d) De los conflictos entre los órganos constitucionales del Estado.

d bis) De los conflictos en defensa de la autonomía local. [194]

e) De la declaración sobre constitucionalidad de los tratados internacionales. [195]

e) bis. Del control previo de inconstitucionalidad en el supuesto previsto en el artículo setenta y nueve de la presente Ley. [196]

f) De las impugnaciones previstas en el número 2 del art. 161 de la Constitución.

g) De la verificación de los nombramientos de los Magistrados del Tribunal Constitucional, para juzgar si los mismos reúnen los requisitos requeridos por la Constitución y la presente Ley.

h) De las demás materias que le atribuyen la Constitución y las Leyes orgánicas.

2. El Tribunal Constitucional podrá dictar reglamentos sobre su propio funcionamiento y organización, así como sobre el régimen de su personal y servicios, dentro del ámbito de la presente Ley. Estos reglamentos, que deberán ser aprobados por el Tribunal en Pleno, se publicarán en el «Boletín Oficial del Estado», autorizados por su Presidente [197].

3. La competencia del Tribunal Constitucional se extiende al conocimiento y decisión de las cuestiones perjudiciales e incidentales no pertenecientes al orden constitucional, directamente relacionadas

---

[194] Añadida apartado 1 letra d bis por art. único apartado 1 de Ley Orgánica 7/1999 de 21 de abril de 1999, con vigencia desde 12/05/1999

[195] Dada nueva redacción apartado 1 letra e por art. único apartado 1 de Ley Orgánica 4/1985 de 7 de junio de 1985, con vigencia desde 06/06/1985

[196] Añadida apartado 1 letra e bis por art. único apartado 1 de Ley Orgánica 12/2015 de 22 de septiembre de 2015, con vigencia desde 24/09/2015

[197] Véanse arts. 53, 95.2, 161 CE; art. 6 LO 3/1984, de 26 de marzo, reguladora de la iniciativa legislativa popular; art. 1 LO 8/1984, de 26 de diciembre, por la que se regula el régimen de recursos en caso de objeción de conciencia, su régimen penal y se deroga el art. 45 de la LO 2/1979, de 3 de octubre, del Tribunal Constitucional; arts. 49.3 y 112.2 LO 5/1985, de 9 de junio, de Régimen Electoral General; art. 5 LOPJ; arts. 63.3 y 119 LBRL; art. 20 LO 2/1987, de 18 de mayo, de conflictos jurisdiccionales; art. 5 LO 4/1987, de 15 de julio, de la competencia y organización de la jurisdicción militar; Reglamento de Organización y Personal del Tribunal Constitucional; LO 7/1999, de 21 de abril, de modificación de la LOTC y Acuerdo de 21 de diciembre de 2006 del Pleno del Tribunal Constitucional, por el que se regulan los ficheros automatizados de datos de carácter personal existentes en el Tribunal

con la materia de que conoce, a los solos efectos del enjuiciamiento constitucional de ésta [198].

4. [199] 1. En ningún caso se podrá promover cuestión de jurisdicción o competencia al Tribunal Constitucional. El Tribunal Constitucional delimitará el ámbito de su jurisdicción y adoptará cuantas medidas sean necesarias para preservarla, incluyendo la declaración de nulidad de aquellos actos o resoluciones que la menoscaben; asimismo podrá apreciar de oficio o a instancia de parte su competencia o incompetencia.

2. Las resoluciones del Tribunal Constitucional no podrán ser enjuiciadas por ningún órgano jurisdiccional del Estado.

3. Cuando el Tribunal Constitucional anule un acto o resolución que contravenga lo dispuesto en los dos apartados anteriores lo ha de hacer motivadamente y previa audiencia al Ministerio Fiscal y al órgano autor del acto o resolución [200].

5. El Tribunal Constitucional está integrado por doce miembros, con el título de Magistrados del Tribunal Constitucional [201].

6. 1. El Tribunal Constitucional actúa en Pleno, en Sala o en Sección. [202]

2. El Pleno está integrado por todos los Magistrados del Tribunal. Lo preside el Presidente del Tribunal y, en su defecto, el Vicepresidente

---

[198] Véanse art. 91 LOTC; arts. 3, 4 y 5 LECrim; art. 4 LRJCA y art. 10 LOPJ

[199] Dada nueva redacción por art. único apartado 1 de Ley Orgánica 6/2007 de 24 de mayo de 2007, con vigencia desde 26/05/2007

[200] Véanse arts. 53.2 y 161 CE; arts. 2, 41 a 44, 50 y 93.1 LOTC y LO 1/2010, de 19 de febrero

[201] Véanse art. 159 CE; arts. 10 f), 16 a 26 y 80 LOTC; arts. 40 a 42 Reglamento de Organización y Personal del Tribunal Constitucional; Reglamento del Congreso; art. 184.7 Reglamento del Senado y arts. 389 a 397 LOPJ

[202] Dada nueva redacción apartado 1 por art. único apartado 2 de Ley Orgánica 6/2007 de 24 de mayo de 2007, con vigencia desde 26/05/2007

y, a falta de ambos, el Magistrado más antiguo en el cargo y, en caso de igual antigüedad, el de mayor edad [203].

7. 1. El Tribunal Constitucional consta de dos Salas. Cada Sala está compuesta por seis Magistrados nombrados por el Tribunal en Pleno.

2. El Presidente del Tribunal lo es también de la Sala Primera, que presidirá, en su defecto, el Magistrado más antiguo y, en caso de igual antigüedad, el de mayor edad.

3. El Vicepresidente del Tribunal presidirá en la Sala Segunda y, en su defecto, el Magistrado más antiguo y, en caso de igual antigüedad, el de mayor edad [204].

8. [205] 1. Para el despacho ordinario y la decisión o propuesta, según proceda, sobre la admisibilidad o inadmisibilidad de procesos constitucionales, el Pleno y las Salas constituirán Secciones compuestas por el respectivo Presidente o quien le sustituya y dos Magistrados.

2. Se dará cuenta al Pleno de las propuestas de admisión o inadmisión de asuntos de su competencia. En el caso de admisión, el Pleno podrá deferir a la Sala que corresponda el conocimiento del asunto de que se trate, en los términos previstos en esta Ley.

3. Podrá corresponder también a las Secciones el conocimiento y resolución de aquellos asuntos de amparo que la Sala correspondiente les defiera en los términos previstos en esta Ley [206].

9. 1. El Tribunal en Pleno elige de entre sus miembros por votación secreta a su Presidente y propone al Rey su nombramiento.

2. En primera votación se requerirá la mayoría absoluta. Si ésta no se alcanzase se procederá a una segunda votación, en la que resultará elegido quien obtuviese mayor número de votos. En caso de empate se efectuará una última votación y si éste se repitiese, será propuesto el

---

[203] Véanse art. 10.1 c) LOTC y arts. 2 a 13 Reglamento de Organización y Personal del Tribunal Constitucional

[204] Véase art. 10.1 c) LOTC

[205] Dada nueva redacción por art. único apartado 3 de Ley Orgánica 6/2007 de 24 de mayo de 2007, con vigencia desde 26/05/2007

[206] Véanse arts. 2.1 b), 11, 51 y 52 LOTC

de mayor antigüedad en el cargo y en el caso de igualdad el de mayor edad.

3. El nombre del elegido se elevará al Rey para su nombramiento por un período de tres años, expirado el cual podrá ser reelegido por una sola vez.

4. El Tribunal en Pleno elegirá entre sus miembros, por el procedimiento señalado en el apartado 2 de este artículo y por el mismo período de tres años, un Vicepresidente, al que incumbe sustituir al Presidente en caso de vacante, ausencia u otro motivo legal y presidir la Sala Segunda [207].

10. [208] 1. El Tribunal en Pleno conoce de los siguientes asuntos:

a) De la constitucionalidad o inconstitucionalidad de los tratados internacionales.

b) De los recursos de inconstitucionalidad contra las leyes y demás disposiciones con valor de Ley, excepto los de mera aplicación de doctrina, cuyo conocimiento podrá atribuirse a las Salas en el trámite de admisión. Al atribuir a la Sala el conocimiento del recurso, el Pleno deberá señalar la doctrina constitucional de aplicación.

c) De las cuestiones de constitucionalidad que reserve para sí; las demás deberán deferirse a las Salas según un turno objetivo.

d) De los conflictos constitucionales de competencia entre el Estado y las Comunidades Autónomas o de los de éstas entre sí.

d) bis. De los recursos previos de inconstitucionalidad contra Proyectos de Estatutos de Autonomía y contra Propuestas de Reforma de los Estatutos de Autonomía. [209]

e) De las impugnaciones previstas en el apartado 2 del art. 161 de la Constitución.

f) De los conflictos en defensa de la autonomía local.

g) De los conflictos entre los órganos constitucionales del Estado.

h) De las anulaciones en defensa de la jurisdicción del Tribunal previstas en el art. 4.3.

---

[207] Véanse art. 160 CE y art. 19.3 LOTC

[208] Dada nueva redacción por art. único apartado 4 de Ley Orgánica 6/2007 de 24 de mayo de 2007, con vigencia desde 26/05/2007

[209] Añadida apartado 1 letra d bis por art. único apartado 2 de Ley Orgánica 12/2015 de 22 de septiembre de 2015, con vigencia desde 24/09/2015

i) De la verificación del cumplimiento de los requisitos exigidos para el nombramiento de Magistrado del Tribunal Constitucional.

j) Del nombramiento de los Magistrados que han de integrar cada una de las Salas.

k) De la recusación de los Magistrados del Tribunal Constitucional.

l) Del cese de los Magistrados del Tribunal Constitucional en los casos previstos en el art. 23.

m) De la aprobación y modificación de los reglamentos del Tribunal.

n) De cualquier otro asunto que sea competencia del Tribunal pero recabe para sí el Pleno, a propuesta del Presidente o de tres Magistrados, así como de los demás asuntos que le puedan ser atribuidos expresamente por una Ley orgánica.

2. En los casos previstos en los párrafos d), e) y f) del apartado anterior, en el trámite de admisión la decisión de fondo podrá atribuirse a la Sala que corresponda según un turno objetivo, lo que se comunicará a las partes.

3. El Tribunal en Pleno, en ejercicio de su autonomía como órgano constitucional, elabora su presupuesto, que se integra como una sección independiente dentro de los Presupuestos Generales del Estado [210].

11. 1. Las Salas del Tribunal Constitucional conocerán de los asuntos que, atribuidos a la justicia constitucional, no sean de la competencia del Pleno.

2. También conocerán las Salas de aquellas cuestiones que, habiendo sido atribuidas al conocimiento de las Secciones, entiendan que por su importancia deba resolver la propia Sala [211].

12. La distribución de asuntos entre las Salas del Tribunal se efectuará según un turno establecido por el Pleno a propuesta de su Presidente [212].

---

[210] Véanse arts. 159 y 161 CE; arts. 2.2, 13, 15, 23, 24, 27 a 40 y 59 a 77 LOTC y arts. 2 a 12 Reglamento de Organización y Personal

[211] Véanse arts. 6, 7, 8, 21 b), 50 y 52 LOTC

[212] Véanse arts. 10.1 c) y n), 14 y 15 LOTC

13. Cuando una Sala considere necesario apartarse en cualquier punto de la doctrina constitucional precedente sentada por el Tribunal, la cuestión se someterá a la decisión del Pleno [213].

14. El Tribunal en Pleno puede adoptar acuerdos cuando estén presente, al menos, dos tercios de los miembros que en cada momento lo compongan. Los acuerdos de las Salas requerirán asimismo la presencia de dos tercios de los miembros que en cada momento las compongan. En las Secciones se requerirá la presencia de dos miembros, salvo que haya discrepancia, requiriéndose entonces la de sus tres miembros [214].

15. [215] El Presidente del Tribunal Constitucional ejerce la representación del Tribunal, convoca y preside el Tribunal en Pleno y convoca las Salas; adopta las medidas precisas para el funcionamiento del Tribunal, de las Salas y de las Secciones; comunica a las Cámaras, al Gobierno o al Consejo General del Poder Judicial, en cada caso, las vacantes; nombra a los letrados, convoca los concursos para cubrir las plazas de funcionarios y los puestos de personal laboral, y ejerce las potestades administrativas sobre el personal del Tribunal [216].

CAPÍTULO II
De los Magistrados del Tribunal Constitucional

16. 1. Los Magistrados y Magistradas del Tribunal Constitucional serán nombrados por el Rey, a propuesta de las Cámaras, del Gobierno

---

[213] Véanse arts. 2 y 50 LOTC

[214] Véanse arts. 5 a 10, 12, 48, 50, 90 LOTC; Acuerdo de 6 de julio de 2023, del Pleno del Tribunal Constitucional, por el que se establece el régimen de días inhábiles en los procesos constitucionales y Acuerdo de 20 de enero de 2005 del Pleno del Tribunal Constitucional, por el que se regula la sustitución de Magistrados a los efectos previstos en el art. 14 de la LOTC

[215] Dada nueva redacción por art. único apartado 5 de Ley Orgánica 6/2007 de 24 de mayo de 2007, con vigencia desde 26/05/2007

[216] Véanse art. 160 CE; art. 412.3 LECrim; arts. 10.8, 12.8, 14 y 16 Reglamento de Ordenación General de Precedencias en el Estado; arts. 10, 14 a 19 Reglamento de Organización y Personal del Tribunal Constitucional y Resolución de 13 de mayo de 2002, por la que se regulan las características del papel a utilizar en las actuaciones y resoluciones jurisdiccionales del TC

y del Consejo General del Poder Judicial, en las condiciones que establece el artículo ciento cincuenta y nueve, uno, de la Constitución.

Cada uno de los órganos que han de realizar las propuestas de nombramiento garantizará el principio de presencia equilibrada de mujeres y hombres, de forma que aquellas incluyan como mínimo un cuarenta por ciento de cada uno de los sexos [217].

Los Magistrados y Magistradas propuestos por el Senado serán elegidos entre las candidaturas presentadas por las Asambleas Legislativas de las comunidades autónomas en los términos que determine el Reglamento de la Cámara. [218]

2. Los candidatos propuestos por el Congreso y por el Senado deberán comparecer previamente ante las correspondientes Comisiones en los términos que dispongan los respectivos Reglamentos. [219]

3. La designación para el cargo de Magistrado del Tribunal Constitucional se hará por nueve años, renovándose el Tribunal por terceras partes cada tres. A partir de ese momento se producirá la elección del Presidente y Vicepresidente de acuerdo con lo previsto en el art. 9. Si el mandato de tres años para el que fueron designados como Presidente y Vicepresidente no coincidiera con la renovación del Tribunal Constitucional, tal mandato quedará prorrogado para que finalice en el momento en que dicha renovación se produzca y tomen posesión los nuevos Magistrados. [220]

4. Ningún Magistrado podrá ser propuesto al Rey para otro período inmediato, salvo que hubiera ocupado el cargo por un plazo no superior a tres años. [221]

5. Las vacantes producidas por causas distintas a la de la expiración del periodo para el que se hicieron los nombramientos serán cubiertas

---

[217] Téngase en cuenta que la presente redacción de este apartado no será de aplicación hasta que proceda la próxima renovación o nombramiento de magistrados y magistradas tras el 22 agosto 2024, conforme al apartado 1 disp. trans. 2.ª LO 2/2024 de 1 agosto

[218] Dada nueva redacción apartado 1 por art. 2 de Ley Orgánica 2/2024 de 1 de agosto de 2024, con vigencia desde 22/08/2024

[219] Dada nueva redacción apartado 2 por art. único apartado 7 de Ley Orgánica 6/2007 de 24 de mayo de 2007, con vigencia desde 26/05/2007

[220] Añadido apartado 3 por art. único apartado 7 de Ley Orgánica 6/2007 de 24 de mayo de 2007 , con vigencia desde 26/05/2007

[221] Añadido apartado 4 por art. único apartado 7 de Ley Orgánica 6/2007 de 24 de mayo de 2007, con vigencia desde 26/05/2007

con arreglo al mismo procedimiento utilizado para la designación del Magistrado que hubiese causado vacante y por el tiempo que a éste restase. Si hubiese retraso en la renovación por tercios de los Magistrados, a los nuevos que fuesen designados se les restará del mandato el tiempo de retraso en la renovación [222] . [223]

17. 1. Antes de los cuatro meses previos a la fecha de expiración de los nombramientos, el Presidente del Tribunal solicitará de los Presidentes de los órganos que han de hacer las propuestas para la designación de los nuevos Magistrados, que inicien el procedimiento para ello.

2. Los Magistrados del Tribunal Constitucional continuarán en el ejercicio de sus funciones hasta que hayan tomado posesión quienes hubieren de sucederles [224] .

18. Los miembros del Tribunal Constitucional deberán ser nombrados entre ciudadanos españoles que sean Magistrados, Fiscales, Profesores de Universidad, funcionarios públicos o Abogados, todos ellos juristas de reconocida competencia con más de quince años de ejercicio profesional o en activo en la respectiva función [225] .

19. 1. El cargo de Magistrado del Tribunal Constitucional es incompatible: Primero, con el de Defensor del Pueblo;segundo, con el de Diputado y Senador; tercero, con cualquier cargo político o administrativo del Estado, las Comunidades autónomas, las provincias u otras Entidades locales; cuarto, con el ejercicio de cualquier jurisdicción o actividad propia de la carrera judicial o fiscal; quinto, con empleos de todas clases en los Tribunales y Juzgados de cualquier orden jurisdiccional; sexto, con el desempeño de funciones directivas en los partidos

---

[222] Véanse art. 159 CE; arts. 17 a 19, 21 a 26 y disp. trans. 3ª LOTC; art. 180 Reforma del Estatut de Cataluña; art. 224 Reforma del Estatuto de Autonomia de Andalucía; art. 107 LOPJ; art. 204 Reglamento del Congreso y art. 184 Reglamento del Senado

[223] Añadido apartado 5 por art. 2 de Ley Orgánica 8/2010 de 4 de noviembre de 2010, con vigencia desde 05/11/2010

[224] Véanse arts. 16 y 23 LOTC

[225] Véanse art. 159.2 CE y art. 10 f) LOTC

políticos, sindicatos, asociaciones, fundaciones y colegios profesionales y con toda clase de empleo al servicio de los mismos; séptimo, con el desempeño de actividades profesionales o mercantiles. En los demás, los miembros del Tribunal Constitucional tendrán las incompatibilidades propias de los miembros del poder Judicial.

2. Cuando concurriere causa de incompatibilidad en quien fuere propuesto como Magistrado del Tribunal, deberá, antes de tomar posesión, cesar en el cargo o en la actividad incompatible. Si no lo hiciere en el plazo de diez días siguientes a la propuesta, se entenderá que no acepta el cargo de Magistrado del Tribunal Constitucional. La misma regla se aplicará en el caso de incompatibilidad sobrevenida [226].

20. [227] Los miembros de la carrera judicial y fiscal y, en general, los funcionarios públicos nombrados Magistrados y letrados del Tribunal pasarán a la situación de servicios especiales en su carrera de origen [228].

21. El Presidente y los demás Magistrados del Tribunal Constitucional prestarán, al asumir su cargo ante el Rey, el siguiente juramento o promesa:

«Juro (o prometo) guardar y hacer guardar fielmente y en todo tiempo la Constitución española, lealtad a la Corona y cumplir mis deberes como Magistrado Constitucional» [229].

22. Los Magistrados del Tribunal Constitucional ejercerán su función de acuerdo con los principios de imparcialidad y dignidad inherentes a la misma; no podrán ser perseguidos por las opiniones expresadas en el ejercicio de sus funciones; serán inamovibles y no

---

[226] Véanse arts. 70.1, 127, 159.4 CE; arts. 5, 23, 81.3 LOTC y art. 389 LOPJ

[227] Dada nueva redacción por art. único apartado 8 de Ley Orgánica 6/2007 de 24 de mayo de 2007, con vigencia desde 26/05/2007

[228] Véanse art. 127 CE; art. 352 c) LOPJ y art. 29 d) Ley 30/1984, de 2 de agosto, de Medidas para la Reforma de la función pública

[229] Véanse arts. 318 a 323 LOPJ

podrán ser destituidos ni suspendidos sino por alguna de las causas que esta Ley establece [230] .

23. 1. Los Magistrados del Tribunal Constitucional cesan por alguna de las causas siguientes:
- Primero, por renuncia aceptada por el Presidente del Tribunal;
- Segundo, por expiración del plazo de su nombramiento;
- Tercero, por incurrir en alguna causa de incapacidad de las previstas para los miembros del Poder Judicial;
- Cuarto, por incompatibilidad sobrevenida;
- Quinto, por dejar de atender con diligencia los deberes de su cargo;
- Sexto, por violar la reserva propia de su función;
- Séptimo, por haber sido declarado responsable civilmente por dolo o condena por delito doloso o por culpa grave.

2. El cese o la vacante en el cargo de Magistrado del Tribunal Constitucional, en los casos primero y segundo, así como en el de fallecimiento, se decretará por el Presidente. En los restantes supuestos decidirá el Tribunal en Pleno, por mayoría simple en los casos tercero y cuarto y por mayoría de las tres cuartas partes de sus miembros en los demás casos [231] .

24. Los Magistrados del Tribunal Constitucional podrán ser suspendidos por el Tribunal, como medida previa, en caso de procesamiento o por el tiempo indispensable para resolver sobre la concurrencia de alguna de las causas de cese establecidas en el artículo anterior. La suspensión requiere el voto favorable de las tres cuartas partes de los miembros del Tribunal reunido en Pleno.

25. 1. Los Magistrados del Tribunal que hubieran desempeñado el cargo durante un mínimo de tres años tendrán derecho a una remuneración de transición por un año, equivalente a la que percibieran en el momento del cese.

2. Cuando el Magistrado del Tribunal proceda de cualquier Cuerpo de funcionarios con derecho a jubilación, se le computará, a los efectos

---

[230] Véanse art. 159 CE y arts. 16, 23, 24, 80 LOTC
[231] Véanse arts. 10 i) y 24 LOTC

de determinación del haber pasivo, el tiempo de desempeño de las funciones constitucionales y se calculará aquél sobre el total de las remuneraciones que hayan correspondido al Magistrado del Tribunal Constitucional durante el último año.

26. La responsabilidad criminal de los Magistrados del Tribunal Constitucional sólo será exigible ante la Sala de lo Penal del Tribunal Supremo [232].

TÍTULO II
De los procedimientos de declaración de inconstitucionalidad

CAPÍTULO PRIMERO
Disposiciones generales

27. 1. Mediante los procedimientos de declaración de inconstitucionalidad regulados en este Título, el Tribunal Constitucional garantiza la primacía de la Constitución y enjuicia la conformidad o disconformidad con ella de las Leyes, disposiciones o actos impugnados.

2. Son susceptibles de declaración de inconstitucionalidad:

a) Los Estatutos de autonomía y las demás leyes orgánicas.

b) Las demás leyes, disposiciones normativas y actos del Estado con fuerza de Ley. En el caso de los decretos legislativos, la competencia del Tribunal se entiende sin perjuicio de lo previsto en el número 6 del art. 82 de la Constitución.

c) Los tratados internacionales.

d) Los Reglamentos de las Cámaras y de las Cortes Generales.

e) Las leyes, actos y disposiciones normativas con fuerza de Ley de las Comunidades autónomas, con la misma salvedad formulada en el apartado b) respecto a los casos de delegación legislativa.

---

[232] Véanse arts. 57.2 y 405 LOPJ

f) Los Reglamentos de las Asambleas legislativas de las Comunidades autónomas [233] .

28. 1. Para apreciar la conformidad o disconformidad con la Constitución de una Ley, disposición o acto con fuerza de Ley del Estado o de las Comunidades autónomas, el Tribunal considerará, además de los preceptos constitucionales, las leyes que, dentro del marco constitucional, se hubieran dictado para delimitar las competencias del Estado y las diferentes Comunidades autónomas o para regular o armonizar el ejercicio de las competencias de éstas.

2. Asimismo el Tribunal podrá declarar inconstitucionales por infracción del art. 81 de la Constitución los preceptos de un decreto-Ley, decreto legislativo, dey que no hayan sido aprobada con el carácter de orgánica o norma legislativa de una Comunidad autónoma en el caso de que dichas disposiciones hubieran regulado materias reservadas a Ley orgánica o impliquen modificación o derogación de una dey aprobada con tal carácter cualquiera que sea su contenido [234] .

29. 1. La declaración de inconstitucionalidad podrá promoverse mediante:

a) El recurso de inconstitucionalidad.

b) La cuestión de inconstitucionalidad promovida por Jueces o Tribunales.

2. La desestimación, por razones de forma, de un recurso de inconstitucionalidad contra una Ley, disposición o acto con fuerza de Ley no será obstáculo para que la misma Ley, disposición o acto puedan ser objeto de una cuestión de inconstitucionalidad con ocasión de su aplicación en otro proceso [235] .

30. La admisión de un recurso o de una cuestión de inconstitucionalidad no suspenderá la vigencia ni la aplicación de la Ley, de la

---

[233] Véanse arts. 72.1, 81, 82.6, 95.2, 147, 153 a) y 161 CE; arts. 1.1, 2 y 78 LOTC; art. 157 Reglamento del Congreso; arts. 147 y 185 Reglamento del Senado y arts. 63.3 y 119 LBRL

[234] Véanse arts. 81, 82, 86 y 147 a 150 CE

[235] Véanse arts. 161, 163 y 164 CE; arts. 2, 27, 31 a 40, 50.1 d) LOTC y art. 5 LOPJ

disposición normativa o del acto con fuerza de Ley, excepto en el caso en que el Gobierno se ampare en lo dispuesto por el art.161.2 de la Constitución para impugnar, por medio de su Presidente, leyes, disposiciones normativas o actos con fuerza de Ley de las Comunidades autónomas [236].

CAPÍTULO II
Del recurso de inconstitucionalidad

31. El recurso de inconstitucionalidad contra las leyes, disposiciones normativas o actos con fuerza de Ley podrá promoverse a partir de su publicación oficial [237].

32. 1. Están legitimados para el ejercicio del recurso de inconstitucionalidad cuando se trate de Estatutos de Autonomía y demás leyes del Estado, orgánicas o en cualesquiera de sus formas, y disposiciones normativas y actos del Estado o de las Comunidades autónomas con fuerza de Ley, tratados internacionales y reglamentos de las Cámaras y de las Cortes Generales:
a) El Presidente del Gobierno.
b) El Defensor del Pueblo.
c) Cincuenta Diputados.
d) Cincuenta Senadores.
2. Para el ejercicio del recurso de inconstitucionalidad contra las leyes, disposiciones o actos con fuerza de Ley del Estado que puedan afectar a su propio ámbito de autonomía, están también legitimados los órganos colegiados ejecutivos y las Asambleas de las Comunidades autónomas, previo acuerdo adoptado al efecto [238].

---

[236] Véanse art. 161.2 CE y arts. 64.2, 76 y 77 LOTC

[237] Véanse art. 161 CE; arts. 2, 10, 27, 29, 32 a 34, 38 a 40, 55.2, 67 y disp. trans. 2ª LOTC

[238] Véanse arts. 54 y 161 CE; art. 82 y disp. trans. 5ª LOTC y art. 29 LO 3/1981, de 26 de abril, del Defensor del Pueblo

33. 1. El recurso de inconstitucionalidad se formulará dentro del plazo de tres meses a partir de la publicación de la Ley, disposición o acto con fuerza de Ley impugnado mediante demanda presentada ante el Tribunal Constitucional en la que deberán expresarse las circunstancias de identidad de las personas u órganos que ejercitan la acción y, en su caso, de sus comisionados, concretar la Ley, disposición o acto impugnado, en todo o en parte, y precisar el precepto constitucional que se entiende infringido. [239]

2. No obstante lo dispuesto en el apartado anterior, el Presidente del Gobierno y los órganos colegiados ejecutivos de las Comunidades Autónomas podrán interponer el recurso de inconstitucionalidad en el plazo de nueve meses contra leyes, disposiciones o actos con fuerza de Ley en relación con las cuales, y con la finalidad de evitar la interposición del recurso, se cumplan los siguientes requisitos:

a) Que se reúna la Comisión Bilateral de Cooperación entre la Administración General del Estado y la respectiva Comunidad Autónoma, pudiendo solicitar su convocatoria cualquiera de las dos Administraciones.

b) Que en el seno de la mencionada Comisión Bilateral se haya adoptado un acuerdo sobre iniciación de negociaciones para resolver las discrepancias, pudiendo instar, en su caso, la modificación del texto normativo. Este acuerdo podrá hacer referencia a la invocación o no de la suspensión de la norma en el caso de presentarse el recurso en el plazo previsto en este apartado.

c) Que el acuerdo sea puesto en conocimiento del Tribunal Constitucional por los órganos anteriormente mencionados dentro de los tres meses siguientes a la publicación de la Ley, disposición o acto con fuerza de Ley, y se inserte en el «Boletín Oficial del Estado» y en el «Diario Oficial» de la Comunidad Autónoma correspondiente. [240]

---

[239] Renumerado por art. único de Ley Orgánica 1/2000 de 7 de enero de 2000 como apartado 1, con vigencia desde 30/01/2000

[240] Añadido apartado 2 por art. único de Ley Orgánica 1/2000 de 7 de enero de 2000, con vigencia desde 30/01/2000

3. Lo señalado en el apartado anterior se entiende sin perjuicio de la facultad de interposición del recurso de inconstitucionalidad por los demás órganos y personas a que hace referencia el art. 32 [241] . [242]

34. 1. Admitida a trámite la demanda, el Tribunal Constitucional dará traslado de la misma al Congreso de los Diputados y al Senado por conducto de sus Presidentes, al Gobierno por conducto del Ministerio de Justicia y, en caso de que el objeto del recurso fuera una Ley o disposición con fuerza de Ley dictada por una Comunidad autónoma, a los órganos legislativo y ejecutivo de la misma a fin de que puedan personarse en el procedimiento y formular las alegaciones que estimaren oportunas.

2. La personación y la formulación de alegaciones deberán hacerse en el plazo de quince días, transcurrido el cual el Tribunal dictará sentencia en el de diez, salvo que, mediante resolución motivada, el propio Tribunal estime necesario un plazo más amplio que, en ningún caso, podrá exceder de 30 días [243] .

CAPÍTULO III
De la cuestión de inconstitucionalidad promovida por Jueces y Tribunales

35. 1. Cuando un Juez o Tribunal, de oficio o a instancia de parte, considere que una norma con rango de Ley aplicable al caso y de cuya validez dependa el fallo pueda ser contraria a la Constitución, planteará la cuestión al Tribunal Constitucional con sujeción a lo dispuesto en esta Ley.

2. El órgano judicial sólo podrá plantear la cuestión una vez concluso el procedimiento y dentro del plazo para dictar sentencia, o la resolución jurisdiccional que procediese, y deberá concretar la Ley o

---

[241] Véanse art. 161 CE y arts. 42, 80, 82, 85 y disp. trans. 2ª LOTC

[242] Añadido apartado 3 por art. único de Ley Orgánica 1/2000 de 7 de enero de 2000 , con vigencia desde 30/01/2000

[243] Véanse arts. 161 y 162 CE; arts. 31, 33, 47.1 y 88 LOTC; art. 187 Reglamento del Senado y la sec. 4.ª del cap. II del tít. II RD 1057/2024, de 15 de octubre, por el que se aprueba el Reglamento de la Abogacía General del Estado

norma con fuerza de Ley cuya constitucionalidad se cuestiona, el precepto constitucional que se supone infringido y especificar o justificar en qué medida la decisión del proceso depende de la validez de la norma en cuestión. Antes de adoptar mediante auto su decisión definitiva, el órgano judicial oirá a las partes y al Ministerio Fiscal para que en el plazo común e improrrogable de 10 días puedan alegar lo que deseen sobre la pertinencia de plantear la cuestión de inconstitucionalidad, o sobre el fondo de ésta; seguidamente y sin más trámite, el juez resolverá en el plazo de tres días. Dicho auto no será susceptible de recurso de ninguna clase. No obstante, la cuestión de inconstitucionalidad podrá ser intentada de nuevo en las sucesivas instancias o grados en tanto no se llegue a sentencia firme. [244]

3. El planteamiento de la cuestión de constitucionalidad originará la suspensión provisional de las actuaciones en el proceso judicial hasta que el Tribunal Constitucional se pronuncie sobre su admisión. Producida ésta el proceso judicial permanecerá suspendido hasta que el Tribunal Constitucional resuelva definitivamente sobre la cuestión [245] . [246]

36. El órgano judicial elevará al Tribunal Constitucional la cuestión de inconstitucionalidad junto con testimonio de los autos principales y de las alegaciones previstas en el artículo anterior, si las hubiere [247] .

37. 1. Recibidas en el Tribunal Constitucional las actuaciones, el procedimiento se sustanciará por los trámites del apartado segundo de este artículo. No obstante, podrá el Tribunal rechazar, en trámite de admisión, mediante auto y sin otra audiencia que la del Fiscal General del Estado, la cuestión de inconstitucionalidad cuando faltaren las

---

[244] Dada nueva redacción apartado 2 por art. único apartado 9 de Ley Orgánica 6/2007 de 24 de mayo de 2007, con vigencia desde 26/05/2007

[245] Véanse art. 163 CE; arts. 36, 37, 39, 40 y 83 LOTC; arts. 12, 19 y 35 Ley 50/1981, de 30 de diciembre, por la que se regula el Estatuto Orgánico del Ministerio Fiscal; art. 5 LOPJ y art. 5.1ª LO 4/1987, de 15 de julio, de la Competencia y Organización de la Jurisdicción Militar

[246] Añadido apartado 3 por art. único apartado 9 de Ley Orgánica 6/2007 de 24 de mayo de 2007, con vigencia desde 26/05/2007

[247] Véanse art. 163 CE y arts. 35, 37 y 88 LOTC

condiciones procesales o fuere notoriamente infundada la cuestión suscitada. Esta decisión será motivada.

2. Publicada en el "Boletín Oficial del Estado" la admisión a trámite de la cuestión de inconstitucionalidad, quienes sean parte en el procedimiento judicial podrán personarse ante el Tribunal Constitucional dentro de los 15 días siguientes a su publicación, para formular alegaciones, en el plazo de otros 15 días. [248]

3. El Tribunal constitucional dará traslado de la cuestión al Congreso de los Diputados y al Senado por conducto de sus Presidentes, al Fiscal General del Estado, al Gobierno, por conducto del Ministerio de Justicia, y, en caso de afectar a una Ley o a otra disposición normativa con fuerza de Ley dictadas por una Comunidad autónoma, a los órganos legislativo y ejecutivo de la misma, todos los cuales podrán personarse y formular alegaciones sobre la cuestión planteada en plazo común improrrogable de quince días. Concluido éste, el Tribunal dictará sentencia en el plazo de quince días, salvo que estime necesario, mediante resolución motivada, un plazo más amplio, que no podrá exceder de treinta días [249] . [250]

CAPÍTULO IV
De la sentencia en procedimientos de inconstitucionalidad y de sus efectos

38. 1. Las sentencias recaídas en procedimientos de inconstitucionalidad tendrán el valor de cosa juzgada, vincularán a todos los Poderes Públicos y producirán efectos generales desde la fecha de su publicación en el «Boletín Oficial del Estado».

2. Las sentencias desestimatorias dictadas en recursos de inconstitucionalidad y en conflictos en defensa de la autonomía local impedirán cualquier planteamiento ulterior de la cuestión por cualquiera de las

---

[248] Añadido apartado 2 por art. único apartado 10 de Ley Orgánica 6/2007 de 24 de mayo de 2007, con vigencia desde 26/05/2007

[249] Véanse art. 163 CE y arts. 35, 36 y 93.2 LOTC

[250] Renumerado apartado 2 por art. único apartado 10 de Ley Orgánica 6/2007 de 24 de mayo de 2007 como apartado 3, con vigencia desde 26/05/2007

dos vías, fundado en la misma infracción de idéntico precepto constitucional. [251]

3. Si se tratare de sentencias recaídas en cuestiones de inconstitucionalidad, el Tribunal Constitucional lo comunicará inmediatamente
al órgano judicial competente para la decisión del proceso. Dicho
órgano notificará la sentencia constitucional a las partes. El Juez o
Tribunal quedará vinculado desde que tuviere conocimiento de la
sentencia constitucional y las partes desde el momento en que sean
notificadas [252].

39. 1. Cuando la sentencia declare la inconstitucionalidad, declarará igualmente la nulidad de los preceptos impugnados, así como, en
su caso, la de aquellos otros de la misma Ley, disposición o acto con
fuerza de Ley a los que deba extenderse por conexión o consecuencia.

2. El Tribunal Constitucional podrá fundar la declaración de inconstitucionalidad en la infracción de cualquier precepto constitucional, haya o no sido invocado en el curso del proceso [253].

40. 1. Las sentencias declaratorias de la inconstitucionalidad de
leyes, disposiciones o actos con fuerza de Ley no permitirán revisar
procesos fenecidos mediante sentencia con fuerza de cosa juzgada en
los que se haya hecho aplicación de las leyes, disposiciones o actos
inconstitucionales, salvo en el caso de los procesos penales o conten-
cioso-administrativos referentes a un procedimiento sancionador en
que, como consecuencia de la nulidad de la norma aplicada, resulte
una reducción de la pena o de la sanción o una exclusión, exención o
limitación de la responsabilidad.

2. En todo caso, la jurisprudencia de los tribunales de justicia recaída sobre leyes, disposiciones o actos enjuiciados por el Tribunal
Constitucional habrá de entenderse corregida por la doctrina deriva-

---

[251] Dada nueva redacción apartado 2 por art. único apartado 3 de Ley Orgánica
7/1999 de 21 de abril de 1999, con vigencia desde 12/05/1999

[252] Véanse art. 164 CE; arts. 39, 40 y 90.2 LOTC y art. 5.1 LOPJ

[253] Véanse art. 164 CE y arts. 38, 40, 84 y 92 LOTC

da de las sentencias y autos que resuelvan los procesos constituciona-les [254] . [255]

TÍTULO III
Del recurso de amparo constitucional

CAPÍTULO PRIMERO
De la procedencia e interposición del recurso de amparo constitucional

41. 1. Los derechos y libertades reconocidos en los arts. 14 a 29 de la Constitución serán susceptibles de amparo constitucional, en los casos y formas que esta Ley establece, sin perjuicio de su tutela general encomendada a los Tribunales de Justicia. Igual protección será aplicable a la objeción de conciencia reconocida en el art. 30 de la Constitución.

2. El recurso de amparo constitucional protege, en los términos que esta Ley establece, frente a las violaciones de los derechos y libertades a que se refiere el apartado anterior, originadas por las disposiciones, actos jurídicos, omisiones o simple vía de hecho de los poderes públicos del Estado, las Comunidades Autónomas y demás entes públicos de carácter territorial, corporativo o institucional, así como de sus funcionarios o agentes. [256]

3. En el amparo constitucional no pueden hacerse valer otras pretensiones que las dirigidas a restablecer o preservar los derechos o libertades por razón de los cuales se formuló el recurso [257] .

---

[254] Véanse arts. 161 a) y 164 CE y arts. 38, 39 y 87 LOTC

[255] Dada nueva redacción apartado 2 por art. único apartado 11 de Ley Orgánica 6/2007 de 24 de mayo de 2007, con vigencia desde 26/05/2007

[256] Dada nueva redacción apartado 2 por art. único apartado 12 de Ley Orgánica 6/2007 de 24 de mayo de 2007, con vigencia desde 26/05/2007

[257] Véanse arts. 14, 29, 30, 53.2, 117.4 y 161.1 b) CE; arts. 43, 46, 48 a 58 y disp. trans. 3ª LOTC; art. 6 LO 3/1984, de 26 de marzo reguladora de la iniciativa legislativa popular; art. 49.3 LO 5/1985, de 19 de junio, del Régimen electoral General y art. 114.2 LO 8/1991, de 13 de marzo de modificación de la LOREG

42. Las decisiones o actos sin valor de Ley, emanados de las Cortes o de cualquiera de sus órganos, o de las Asambleas legislativas de las Comunidades autónomas, o de sus órganos, que violen los derechos y libertades susceptibles de amparo constitucional, podrán ser recurridos dentro del plazo de tres meses desde que, con arreglo a las normas internas de las Cámaras o Asambleas, sean firmes [258].

43. 1. Las violaciones de los derechos y libertades antes referidos originadas por disposiciones, actos jurídicos, omisiones o simple vía de hecho del Gobierno o de sus autoridades o funcionarios, o de los órganos ejecutivos colegiados de las comunidades autónomas o de sus autoridades o funcionarios o agentes, podrán dar lugar al recurso de amparo una vez que se haya agotado la vía judicial procedente. [259]

2. El plazo para interponer el recurso de amparo constitucional será el de los veinte días siguientes a la notificación de la resolución recaída en el previo proceso judicial.

3. El recurso sólo podrá fundarse en la infracción por una resolución firme de los preceptos constitucionales que reconocen los derechos o libertades susceptibles de amparo [260].

44. [261] 1. Las violaciones de los derechos y libertades susceptibles de amparo constitucional, que tuvieran su origen inmediato y directo en un acto u omisión de un órgano judicial, podrán dar lugar a este recurso siempre que se cumplan los requisitos siguientes:

a) Que se hayan agotado todos los medios de impugnación previstos por las normas procesales para el caso concreto dentro de la vía judicial.

---

[258] Véanse arts. 2.2, 43, 46.1 b), 55.2 LOTC y art. 6 LO 3/1984, de 26 de marzo, reguladora de la iniciativa legislativa popular

[259] Dada nueva redacción apartado 1 por art. único apartado 13 de Ley Orgánica 6/2007 de 24 de mayo de 2007, con vigencia desde 26/05/2007

[260] Véanse arts. 53.2 y 161.1 b) CE; arts. 41, 46, 47, 80, 81, 85.2, 89, 95 y disp. trans. 2ª LOTC; Acuerdo del Pleno del Tribunal Constitucional de 15 de junio de 1982, por el que se acuerdan las normas que han de regir el funcionamiento del Tribunal durante el período de vacaciones y Acuerdo del Pleno, de 17 de junio de 1999, modificatorio del anterior de 15 de junio de 1982, por que se acuerdan las Normas que han de regir el funcionamiento del Tribunal durante el período de vacaciones

[261] Dada nueva redacción por art. único apartado 14 de Ley Orgánica 6/2007 de 24 de mayo de 2007, con vigencia desde 26/05/2007

b) Que la violación del derecho o libertad sea imputable de modo inmediato y directo a una acción u omisión del órgano judicial con independencia de los hechos que dieron lugar al proceso en que aquellas se produjeron, acerca de los que, en ningún caso, entrará a conocer el Tribunal Constitucional.

c) Que se haya denunciado formalmente en el proceso, si hubo oportunidad, la vulneración del derecho constitucional tan pronto como, una vez conocida, hubiera lugar para ello.

2. El plazo para interponer el recurso de amparo será de 30 días, a partir de la notificación de la resolución recaída en el proceso judicial [262].

45. [263] (Derogado)

46. 1. Están legitimados para interponer el recurso de amparo constitucional:

a) En los casos de los arts. 42 y 45, la persona directamente afectada, el Defensor del Pueblo y el Ministerio Fiscal.

b) En los casos de los arts. 43 y 44, quienes hayan sido parte en el proceso judicial correspondiente, el Defensor del Pueblo y el Ministerio Fiscal.

2. Si el recurso se promueve por el Defensor del Pueblo o el Ministerio Fiscal, la Sala competente para conocer del amparo constitucional lo comunicará a los posibles agraviados que fueran conocidos y ordenará anunciar la interposición del recurso en el «Boletín Oficial del Estado» a efectos de comparecencia de otros posibles interesados. Dicha publicación tendrá carácter preferente [264].

47. 1. Podrán comparecer en el proceso de amparo constitucional, con el carácter de demandado o con el de coadyuvante, las personas favorecidas por la decisión, acto o hecho en razón del cual se formule el recurso o que ostenten un interés legítimo en el mismo.

---

[262] Véanse arts. 48 a 55, 80, 85.2 y disp. trans. 2ª LOTC y art. 241 LOPJ

[263] Derogado por disposición derogatoria única de Ley Orgánica 8/1984 de 26 de diciembre de 1984, con vigencia desde 17/01/1985

[264] Véanse arts. 24, 54, 124.1 y 162.1 b) CE; arts. 42 a 44 LOTC; LO 3/1981, de 6 de abril, del Defensor del Pueblo y Ley 50/1981, de 20 de diciembre, por la que se regula el Estatuto Orgánico del Ministerio Fiscal

2. El Ministerio Fiscal intervendrá en todos los procesos de amparo, en defensa de la legalidad de los derechos de los ciudadanos y del interés público tutelado por la Ley [265].

CAPÍTULO II
De la tramitación de los recursos de amparo constitucional

48. [266] El conocimiento de los recursos de amparo constitucional corresponde a las Salas del Tribunal Constitucional y, en su caso, a las Secciones [267].

49. 1. El recurso de amparo constitucional se iniciará mediante demanda en la que se expondrán con claridad y concisión los hechos que la fundamenten, se citarán los preceptos constitucionales que se estimen infringidos y se fijará con precisión el amparo que se solicita para preservar o restablecer el derecho o libertad que se considere vulnerado. En todo caso, la demanda justificará la especial trascendencia constitucional del recurso. [268]

2. Con la demanda se acompañarán:

a) El documento que acredite la representación del solicitante del amparo.

b) En su caso, la copia, traslado o certificación de la resolución recaída en el procedimiento judicial o administrativo.

3. A la demanda se acompañarán también tantas copias literales de la misma y de los documentos presentados como partes en el previo proceso, si lo hubiere, y una más para el Ministerio Fiscal.

4. De incumplirse cualquiera de los requisitos establecidos en los apartados que anteceden, las Secretarías de Justicia lo pondrán de manifiesto al interesado en el plazo de 10 días, con el apercibimiento

---

[265] Véanse art. 124 CE y arts. 46, 51 y 81 LOTC

[266] Dada nueva redacción por art. único apartado 15 de Ley Orgánica 6/2007 de 24 de mayo de 2007, con vigencia desde 26/05/2007

[267] Véanse arts. 7, 8, 10 k), 11 y 12 LOTC

[268] Dada nueva redacción apartado 1 por art. único apartado 16 de Ley Orgánica 6/2007 de 24 de mayo de 2007, con vigencia desde 26/05/2007

de que, de no subsanarse el defecto, se acordará la inadmisión del recurso [269] . [270]

50. [271] 1. El recurso de amparo debe ser objeto de una decisión de admisión a trámite. La Sección, por unanimidad de sus miembros, acordará mediante providencia la admisión, en todo o en parte, del recurso solamente cuando concurran todos los siguientes requisitos:

a) Que la demanda cumpla con lo dispuesto en los arts. 41 a 46 y 49.

b) Que el contenido del recurso justifique una decisión sobre el fondo por parte del Tribunal Constitucional en razón de su especial trascendencia constitucional, que se apreciará atendiendo a su importancia para la interpretación de la Constitución, para su aplicación o para su general eficacia, y para la determinación del contenido y alcance de los derechos fundamentales.

2. Cuando la admisión a trámite, aun habiendo obtenido la mayoría, no alcance la unanimidad, la Sección trasladará la decisión a la Sala respectiva para su resolución.

3. Las providencias de inadmisión, adoptadas por las Secciones o las Salas, especificarán el requisito incumplido y se notificarán al demandante y al Ministerio Fiscal. Dichas providencias solamente podrán ser recurridas en súplica por el Ministerio Fiscal en el plazo de tres días. Este recurso se resolverá mediante auto, que no será susceptible de impugnación alguna.

4. Cuando en la demanda de amparo concurran uno o varios defectos de naturaleza subsanable, se procederá en la forma prevista en el art. 49.4; de no producirse la subsanación dentro del plazo fijado en dicho precepto, la Sección acordará la inadmisión mediante providencia, contra la cual no cabrá recurso alguno [272] .

51. 1. Admitida la demanda de amparo, la Sala requerirá con carácter urgente al órgano o a la autoridad de que dimane la decisión,

---

[269] Véanse arts. 50, 80, 81, 85 y 93 LOTC

[270] Añadido apartado 4 por art. único apartado 16 de Ley Orgánica 6/2007 de 24 de mayo de 2007, con vigencia desde 26/05/2007

[271] Dada nueva redacción por art. único apartado 17 de Ley Orgánica 6/2007 de 24 de mayo de 2007, con vigencia desde 26/05/2007

[272] Véanse arts. 4.2, 44 a 46, 85 y 93 LOTC

el acto o el hecho o al Juez o Tribunal que conoció del procedimiento precedente para que, en plazo que no podrá exceder de diez días, remita las actuaciones o testimonio de ellas.

2. El órgano, autoridad, Juez o Tribunal acusará inmediato recibo del requerimiento, cumplimentará el envío dentro del plazo señalado y emplazará a quienes fueron parte en el procedimiento antecedente para que puedan comparecer en el proceso constitucional en el plazo de diez días [273].

52. 1. Recibidas las actuaciones y transcurrido el tiempo de emplazamiento, la Sala dará vista de las mismas a quien promovió el amparo a los personados en el proceso, al Abogado del Estado, si estuviera interesada la Administración Pública, y al Ministerio Fiscal. La vista será por plazo común que no podrá exceder de veinte días, y durante él podrán presentarse las alegaciones procedentes.

2. Presentadas las alegaciones o transcurrido el plazo otorgado para efectuarlas, la Sala podrá deferir la resolución del recurso, cuando para su resolución sea aplicable doctrina consolidada del Tribunal Constitucional, a una de sus Secciones o señalar día para la vista, en su caso, o deliberación y votación. [274]

3. La Sala, o en su caso la Sección, pronunciará la sentencia que proceda en el plazo de 10 días a partir del día señalado para la vista o deliberación [275]. [276]

[273] Véanse arts. 50, 51 y 88 LOTC

[274] Dada nueva redacción apartado 2 por art. único apartado 18 de Ley Orgánica 6/2007 de 24 de mayo de 2007, con vigencia desde 26/05/2007

[275] Véanse arts. 49.1, 55, 83, 84, 88, 89 y 95.2 y 3 LOTC

[276] Dada nueva redacción apartado 3 por art. único apartado 18 de Ley Orgánica 6/2007 de 24 de mayo de 2007, con vigencia desde 26/05/2007

CAPÍTULO III
De la resolución de los recursos de amparo constitucional y sus efectos

53. [277] La Sala o, en su caso, la Sección, al conocer del fondo del asunto, pronunciará en su sentencia alguno de estos fallos:

a) Otorgamiento de amparo.

b) Denegación de amparo [278].

54. [279] Cuando la Sala o, en su caso, la Sección conozca del recurso de amparo respecto de decisiones de jueces y tribunales, limitará su función a concretar si se han violado derechos o libertades del demandante y a preservar o restablecer estos derechos o libertades, y se abstendrá de cualquier otra consideración sobre la actuación de los órganos jurisdiccionales [280].

55. 1. La sentencia que otorgue el amparo contendrá alguno o algunos de los pronunciamientos siguientes:

a) Declaración de nulidad de la decisión, acto o resolución que hayan impedido el pleno ejercicio de los derechos o libertades protegidos, con determinación en su caso de la extensión de sus efectos.

b) Reconocimiento del derecho o libertad pública, de conformidad con su contenido constitucionalmente declarado.

c) Restablecimiento del recurrente en la integridad de su derecho o libertad con la adopción de las medidas apropiadas, en su caso, para su conservación.

2. En el supuesto de que el recurso de amparo debiera ser estimado porque, a juicio de la Sala o, en su caso, la Sección, la Ley aplicada lesione derechos fundamentales o libertades públicas, se elevará la

[277] Dada nueva redacción por art. único apartado 19 de Ley Orgánica 6/2007 de 24 de mayo de 2007, con vigencia desde 26/05/2007

[278] Véanse arts. 54, 55, 57, 58 y 86 LOTC

[279] Dada nueva redacción por art. único apartado 20 de Ley Orgánica 6/2007 de 24 de mayo de 2007, con vigencia desde 26/05/2007

[280] Véanse arts. 117.3 y 164 CE y art. 44 LOTC

cuestión al Pleno con suspensión del plazo para dictar sentencia, de conformidad con lo prevenido en los arts. 35 y siguientes [281] . [282]

56. [283] 1. La interposición del recurso de amparo no suspenderá los efectos del acto o sentencia impugnados.

2. Ello no obstante, cuando la ejecución del acto o sentencia impugnados produzca un perjuicio al recurrente que pudiera hacer perder al amparo su finalidad, la Sala, o la Sección en el supuesto del art. 52.2, de oficio o a instancia del recurrente, podrá disponer la suspensión, total o parcial, de sus efectos, siempre y cuando la suspensión no ocasione perturbación grave a un interés constitucionalmente protegido, ni a los derechos fundamentales o libertades de otra persona.

3. Asimismo, la Sala o la Sección podrá adoptar cualesquiera medidas cautelares y resoluciones provisionales previstas en el ordenamiento, que, por su naturaleza, puedan aplicarse en el proceso de amparo y tiendan a evitar que el recurso pierda su finalidad.

4. La suspensión u otra medida cautelar podrá pedirse en cualquier tiempo, antes de haberse pronunciado la sentencia o decidirse el amparo de otro modo. El incidente de suspensión se sustanciará con audiencia de las partes y del Ministerio Fiscal, por un plazo común que no excederá de tres días y con el informe de las autoridades responsables de la ejecución, si la Sala o la Sección lo creyera necesario. La Sala o la Sección podrá condicionar la denegación de la suspensión en el caso de que pudiera seguirse perturbación grave de los derechos de un tercero, a la constitución de caución suficiente para responder de los daños o perjuicios que pudieran originarse.

5. La Sala o la Sección podrá condicionar la suspensión de la ejecución y la adopción de las medidas cautelares a la satisfacción por el interesado de la oportuna fianza suficiente para responder de los daños y perjuicios que pudieren originarse. Su fijación y determinación podrá delegarse en el órgano jurisdiccional de instancia.

---

[281] Véanse art. 164 CE; arts. 37, 38, 53, 54, 58, 87 y 92 LOTC y arts. 5 y 7 LOPJ

[282] Dada nueva redacción apartado 2 por art. único apartado 21 de Ley Orgánica 6/2007 de 24 de mayo de 2007 , con vigencia desde 26/05/2007

[283] Dada nueva redacción por art. único apartado 22 de Ley Orgánica 6/2007 de 24 de mayo de 2007, con vigencia desde 26/05/2007

6. En supuestos de urgencia excepcional, la adopción de la suspensión y de las medidas cautelares y provisionales podrá efectuarse en la resolución de la admisión a trámite. Dicha adopción podrá ser impugnada en el plazo de cinco días desde su notificación, por el Ministerio Fiscal y demás partes personadas. La Sala o la Sección resolverá el incidente mediante auto no susceptible de recurso alguno [284] .

57. La suspensión o su denegación puede ser modificada durante el curso del juicio de amparo constitucional, de oficio o a instancia de parte, en virtud de circunstancias sobrevenidas o que no pudieron ser conocidas al tiempo de sustanciarse el incidente de suspensión [285] .

58. 1. Serán competentes para resolver sobre las peticiones de indemnización de los daños causados como consecuencia de la concesión o denegación de la suspensión los Jueces o Tribunales, a cuya disposición se pondrán las fianzas constituidas.
2. Las peticiones de indemnización, que se sustanciarán por el trámite de los incidentes, deberán presentarse dentro del plazo de un año a partir de la publicación de la sentencia del Tribunal Constitucional [286] .

---

[284] Véanse arts. 48, 50, 52.2, 57, 58 y 93.2 LOTC; arts. 114 a 122 bis LRJCA y disp. derog. única, inciso 4º LO 1/1992, de 21 de febrero, sobre Protección de Seguridad Ciudadana

[285] Véase art. 56 LOTC

[286] Véase art. 55 LOTC

TÍTULO IV
De los conflictos constitucionales

CAPÍTULO PRIMERO
Disposiciones generales

59. [287] 1. El Tribunal Constitucional entenderá de los conflictos que se susciten sobre las competencias o atribuciones asignadas directamente por la Constitución, los Estatutos de Autonomía o las leyes orgánicas u ordinarias dictadas para delimitar los ámbitos propios del Estado y las Comunidades Autónomas y que opongan:
a) Al Estado con una o más Comunidades Autónomas.
b) A dos o más Comunidades Autónomas entre sí.
c) Al Gobierno con el Congreso de los Diputados, el Senado o el Consejo General del Poder Judicial; o a cualquiera de estos órganos constitucionales entre sí.
2. El Tribunal Constitucional entenderá también de los conflictos en defensa de la autonomía local que planteen los municipios y provincias frente al Estado o a una Comunidad Autónoma [288].

CAPÍTULO II
De los conflictos entre el Estado y las Comunidades Autónomas o de estas entre sí

60. Los conflictos de competencia que opongan al Estado con una Comunidad autónoma o a éstas entre sí, podrán ser suscitados por el Gobierno o por los órganos colegiados ejecutivos de las Comunidades autónomas, en la forma que determinan los artículos siguientes. Los

---

[287] Dada nueva redacción por art. único apartado 4 de Ley Orgánica 7/1999 de 21 de abril de 1999, con vigencia desde 12/05/1999

[288] Véanse art. 161.1 CE y arts. 60 a 67, 73 a 75, 75 ter, 75 quater y 75 quinquies LOTC

conflictos negativos podrán ser instados también por las personas físicas o jurídicas interesadas [289] .

61. 1. Pueden dar lugar al planteamiento de los conflictos de competencia las disposiciones, resoluciones y actos emanados de los órganos del Estado o de los órganos de las Comunidades autónomas o la omisión de tales disposiciones, resoluciones o actos.

2. Cuando se plantease un conflicto de los mencionados en el artículo anterior con motivo de una disposición, resolución o acto cuya impugnación estuviese pendiente ante cualquier Tribunal, éste suspenderá el curso del proceso hasta la decisión del conflicto constitucional.

3. La decisión del Tribunal Constitucional vinculará a todos los poderes públicos y tendrá plenos efectos frente a todos [290] .

SECCIÓN PRIMERA
Conflictos positivos

62. Cuando el Gobierno considere que una disposición o resolución de una Comunidad autónoma no respeta el orden de competencia establecido en la Constitución, en los Estatutos de autonomía o en las leyes orgánicas correspondientes, podrá formalizar directamente ante el Tribunal Constitucional, en el plazo de dos meses, el conflicto de competencia, o hacer uso del previo requerimiento regulado en el artículo siguiente, todo ello sin perjuicio de que el Gobierno pueda invocar el art. 161.2 de la Constitución, con los efectos correspondientes [291] .

63. 1. Cuando el órgano ejecutivo superior de una Comunidad autónoma considerase que una disposición, resolución o acto emanado de la autoridad de otra Comunidad o del Estado no respeta el orden de competencias establecido en la Constitución, en los Estatutos de autonomía o en las leyes correspondientes y siempre que afecte a su

---

[289] Véanse art. 161.1 c) CE y arts. 59 a 72 LOTC
[290] Véanse art. 161.1 c) CE y arts. 59 y 62 a 67 LOTC
[291] Véanse arts. 161.1 c) y 161.2 CE y arts. 4, 60, 61 y 63 a 67 LOTC

propio ámbito, requerirá a aquélla o a éste para que sea derogada la disposición o anulados la resolución o el acto en cuestión.

2. El requerimiento de incompetencia podrá formularse dentro de los dos meses siguientes al día de la publicación o comunicación de la disposición, resolución o acto que se entiendan viciados de incompetencia o con motivo de un acto concreto de aplicación y se dirigirá directamente al Gobierno o al órgano ejecutivo superior de la otra Comunidad autónoma, dando cuenta igualmente al Gobierno en este caso.

3. En el requerimiento se especificarán con claridad los preceptos de la disposición o los puntos concretos de la resolución o acto viciados de incompetencia, así como las disposiciones legales o constitucionales de las que el vicio resulte.

4. El órgano requerido, si estima fundado el requerimiento, deberá atenderlo en el plazo máximo de un mes a partir de su recepción, comunicándolo así al requiriente y al Gobierno, si éste no actuara en tal condición. Si no lo estimara fundado, deberá igualmente rechazarlo dentro del mismo plazo, a cuyo término se entenderán en todo caso rechazados los requerimientos no atendidos.

5. Dentro del mes siguiente a la notificación del rechazo o al término del plazo a que se refiere el apartado anterior, el órgano requirente, si no ha obtenido satisfacción, podrá plantear el conflicto ante el Tribunal Constitucional, certificando el cumplimiento infructuoso del trámite de requerimiento y alegando los fundamentos jurídicos en que éste se apoya [292].

64. 1. En el término de 10 días, el Tribunal comunicará al Gobierno u órgano autonómico correspondiente la iniciación del conflicto, señalándose plazo, que en ningún caso será mayor de 20 días, para que aporte cuantos documentos y alegaciones considere convenientes.

2. Si el conflicto hubiere sido entablado por el Gobierno una vez adoptada decisión por la Comunidad autónoma y con invocación del art. 161.2 de la Constitución, su formalización comunicada por el Tribunal suspenderá inmediatamente la vigencia de la disposición, resolución o acto que hubiesen dado origen al conflicto.

3. En los restantes supuestos, el órgano que formalice el conflicto podrá solicitar del Tribunal la suspensión de la disposición, resolución

---

[292] Véanse art. 161.1 c) CE y arts. 28.2 y 64 a 66 LOTC

o acto objeto del conflicto, invocando perjuicios de imposible o difícil reparación, el Tribunal acordará o denegará libremente la suspensión solicitada.

4. El planteamiento del conflicto iniciado por el Gobierno y, en su caso, el Auto del Tribunal por el que se acuerde la suspensión de la disposición, resolución o acto objeto del conflicto serán notificados a los interesados y publicados en el correspondiente «Diario Oficial» por el propio Tribunal [293].

65. 1. El Tribunal podrá solicitar de las partes cuantas informaciones, aclaraciones o precisiones juzgue necesarias para su decisión y resolverá dentro de los 15 días siguientes al término del plazo de alegaciones o del que, en su caso, se fijare para las informaciones, aclaraciones o precisiones complementarias antes aludidas.

2. En el caso previsto en el número 2 del artículo anterior, si la sentencia no se produjera dentro de los cinco meses desde la iniciación del conflicto, el Tribunal deberá resolver dentro de este plazo, por auto motivado, acerca del mantenimiento o levantamiento de la suspensión del acto, resolución o disposición impugnados de incompetencia por el Gobierno [294].

66. La sentencia declarará la titularidad de la competencia controvertida y acordará, en su caso, la anulación de la disposición, resolución o actos que originaron el conflicto en cuanto estuvieren viciados de incompetencia, pudiendo disponer lo que fuera procedente respecto de las situaciones de hecho o de derecho creadas al amparo de la misma [295].

67. Si la competencia controvertida hubiera sido atribuida por una Ley o norma con rango de Ley, el conflicto de competencias se tramitará desde su inicio o, en su caso, desde que en defensa de la

[293] Véanse arts. 161.1 c) y 161.2 CE y arts. 30, 56, 59 a 64, 65.2 y 83 LOTC
[294] Véanse arts. 161.1 c) y 161.2 CE y arts. 30, 56 y 64.3 LOTC
[295] Véanse arts. 161.1 c) y 164 CE y arts. 38, 61 a 63 y 67 LOTC

competencia ejercida se invocare la existencia de la norma legal habilitante, en la forma prevista para el recurso de inconstitucionalidad [296].

SECCIÓN SEGUNDA
Conflictos negativos

68. 1. En el caso de que un órgano de la Administración del Estado declinare su competencia para resolver cualquier pretensión deducida ante el mismo por persona física o jurídica, por entender que la competencia corresponde a una Comunidad autónoma, el interesado, tras haber agotado la vía administrativa mediante recurso ante el Ministerio correspondiente, podrá reproducir su pretensión ante el órgano ejecutivo colegiado de la Comunidad autónoma que la resolución declare competente. De análogo modo se procederá si la solicitud se promueve ante una Comunidad autónoma y ésta se inhibe por entender competente al Estado o a otra Comunidad autónoma.

2. La Administración solicitada en segundo lugar deberá admitir o declinar su competencia en el plazo de un mes. Si la admitiere, procederá a tramitar la solicitud presentada. Si se inhibiere, deberá notificarlo al requirente, con indicación precisa de los preceptos en que se funda su resolución.

3. Si la Administración a que se refiere el apartado anterior declinare su competencia o no pronunciare decisión afirmativa en el plazo establecido, el interesado podrá acudir al Tribunal Constitucional. A tal efecto, deducirá la oportuna demanda dentro del mes siguiente a la notificación de la declinatoria, o si transcurriese el plazo establecido en el apartado 2 del presente artículo sin resolución expresa, en solicitud de que se trámite y resuelva el conflicto de competencia negativo [297].

69. 1. La solicitud de planteamiento de conflicto se formulará mediante escrito, al que habrán de acompañarse los documentos que acrediten haber agotado el trámite a que se refiere el artículo anterior y las resoluciones recaídas durante el mismo.

---

[296] Véanse arts. 31 a 34 y 61 a 66 LOTC
[297] Véanse art. 161.1 c) CE y arts. 4 y 59, 69 a 70 y 81 LOTC

2. Si el Tribunal entendiere que la negativa de las Administraciones implicadas se basa precisamente en una diferencia de interpretación de preceptos constitucionales o de los Estatutos de Autonomía o de Leyes orgánicas u ordinarias que delimiten los ámbitos de competencia del Estado y de las Comunidades autónomas declarará, mediante auto que habrá de ser dictado dentro de los diez días siguientes al de la presentación del escrito, planteado el conflicto. Dará inmediato traslado del auto al solicitante y a las Administraciones implicadas, así como a cualesquiera otras que el Tribunal considere competentes, a las que remitirá además copia de la solicitud de su planteamiento y de los documentos acompañados a la misma y fijará a todos el plazo común de un mes para que aleguen cuanto estimen conducente a la solución del conflicto planteado [298].

70. 1. Dentro del mes siguiente a la conclusión del plazo señalado en el artículo anterior o, en su caso, del que sucesivamente el Tribunal hubiere concedido para responder a las peticiones de aclaración, ampliación o precisión que les hubiere dirigido, se dictará sentencia que declarará cuál es la Administración competente.

2. Los plazos administrativos agotados se entenderán nuevamente abiertos por su duración ordinaria a partir de la publicación de la sentencia [299].

71. 1. El Gobierno podrá igualmente plantear conflicto de competencias negativo cuando habiendo requerido al órgano ejecutivo superior de una Comunidad autónoma para que ejercite las atribuciones propias de la competencia que a la Comunidad confieran sus propios estatutos o una Ley orgánica de delegación o transferencia, sea desatendido su requerimiento por declararse incompetente el órgano requerido.

2. La declaración de incompetencia se entenderá implícita por la simple inactividad del órgano ejecutivo requerido dentro del plazo que

---

[298] Véanse art. 161.1 c) CE y arts. 68 y 70 LOTC
[299] Véanse arts. 68 y 69 LOTC

el Gobierno le hubiere fijado para el ejercicio de sus atribuciones, que en ningún caso será inferior a un mes [300].

72. 1. Dentro del mes siguiente al día en que de manera expresa o tácita haya de considerarse rechazado el requerimiento a que se refiere el artículo anterior, el Gobierno podrá plantear ante el Tribunal Constitucional el conflicto negativo mediante escrito en el que habrán de indicarse los preceptos constitucionales, estatutarios o legales que a su juicio obligan a la Comunidad autónoma a ejercer sus atribuciones.

2. El Tribunal dará traslado del escrito al órgano ejecutivo superior de la Comunidad autónoma, al que fijará un plazo de un mes para presentar las alegaciones que entienda oportunas.

3. Dentro del mes siguiente a la conclusión de tal plazo o, en su caso, del que sucesivamente hubiere fijado al Estado o a la Comunidad autónoma para responder a las peticiones de aclaración, ampliación o precisiones que les hubiere dirigido, el tribunal dictará sentencia, que contendrá alguno de los siguientes pronunciamientos.

a) La declaración de que el requerimiento es procedente, que conllevará el establecimiento de un plazo dentro del cual la Comunidad autónoma deberá ejercitar la atribución requerida.

b) La declaración de que el requerimiento es improcedente [301].

CAPÍTULO III
De los conflictos entre los órganos constitucionales del Estado

73. 1. En el caso en que alguno de los órganos constitucionales a los que se refiere el art. 59.3 de esta Ley, por acuerdo de sus respectivos Plenos, estime que otro de dichos órganos adopta decisiones asumiendo atribuciones que la Constitución o las leyes orgánicas confieren al primero, éste se lo hará saber así dentro del mes siguiente a la fecha en que llegue a su conocimiento la decisión de la que se infiera la indebida asunción de atribuciones y solicitará de él que la revoque.

---

[300] Véanse art. 161.1 c) CE y art. 72 LOTC
[301] Véase art. 71 LOTC

2. Si el órgano al que se dirige la notificación afirmara que actúa en el ejercicio constitucional y legal de sus atribuciones o, dentro del plazo de un mes a partir de la recepción de aquella no rectificase en el sentido que le hubiera sido solicitado, el órgano que estime indebidamente asumidas sus atribuciones planteará el conflicto ante el Tribunal Constitucional dentro del mes siguiente. A tal efecto, presentará un escrito en el que se especificarán los preceptos que considera vulnerados y formulará las alegaciones que estime oportunas. A este escrito acompañará una certificación de los antecedentes que repute necesarios y de la comunicación cursada en cumplimiento de lo prevenido en el apartado anterior de este artículo [302] . [303]

74. Recibido el escrito, el Tribunal, dentro de los diez días siguientes, dará traslado del mismo al órgano requerido y le fijará el plazo de un mes para formular las alegaciones que estime procedentes. Idénticos traslados y emplazamientos se harán a todos los demás órganos legitimados para plantear este género de conflictos, los cuales podrán comparecer en el procedimiento, en apoyo del demandante o del demandado, si entendieren que la solución del conflicto planteado afecta de algún modo a sus propias atribuciones [304] .

75. 1. El Tribunal podrá solicitar de las partes cuantas informaciones, aclaraciones o precisiones juzgue necesarias para su decisión y resolverá dentro del mes siguiente a la expiración del plazo de alegaciones a que se refiere el artículo anterior o del que, en su caso, se fijare para las informaciones, aclaraciones o precisiones complementarias, que no será superior a otros treinta días.

2. La sentencia del Tribunal determinará a qué órgano corresponden las atribuciones constitucionales controvertidas y declarará nulos los actos ejecutados por invasión de atribuciones y resolverá, en su

---

[302] Véanse arts. 2.1 d) y 59 LOTC; art. 186 Reglamento del Senado y art. 127.13 LOP]

[303] Dada nueva redacción apartado 2 por art. único apartado 23 de Ley Orgánica 6/2007 de 24 de mayo de 2007, con vigencia desde 26/05/2007

[304] Véanse arts. 59, 73 y 75 LOTC

caso, lo que procediere sobre las situaciones jurídicas producidas al amparo de los mismos [305] .

CAPÍTULO IV
De los conflictos en defensa de la autonomía local [306]

75 bis. [307] 1. Podrán dar lugar al planteamiento de los conflictos en defensa de la autonomía local las normas del Estado con rango de Ley o las disposiciones con rango de Ley de las Comunidades Autónomas que lesionen la autonomía local constitucionalmente garantizada.

2. La decisión del Tribunal Constitucional vinculará a todos los poderes públicos y tendrá plenos efectos frente a todos.

75 ter. [308] 1. Están legitimados para plantear estos conflictos:

a) El municipio o provincia que sea destinatario único de la Ley.

b) Un número de municipios que supongan al menos un séptimo de los existentes en el ámbito territorial de aplicación de la disposición con rango de Ley, y representen como mínimo un sexto de la población oficial del ámbito territorial correspondiente.

c) Un número de provincias que supongan al menos la mitad de las existentes en el ámbito territorial de aplicación de la disposición con rango de Ley, y representen como mínimo la mitad de la población oficial.

2. Para iniciar la tramitación de los conflictos en defensa de la autonomía local será necesario el acuerdo del órgano plenario de las Corporaciones locales con el voto favorable de la mayoría absoluta del número legal de miembros de las mismas.

3. Una vez cumplido el requisito establecido en el apartado anterior, y de manera previa a la formalización del conflicto, deberá solicitarse

---

[305] Véanse arts. 59, 73 y 74 LOTC

[306] Añadido por art. único apartado 5 de Ley Orgánica 7/1999 de 21 de abril de 1999, con vigencia desde 12/05/1999

[307] Añadido por art. único apartado 5 de Ley Orgánica 7/1999 de 21 de abril de 1999, con vigencia desde 12/05/1999

[308] Añadido por art. único apartado 5 de Ley Orgánica 7/1999 de 21 de abril de 1999, con vigencia desde 12/05/1999

dictamen, con carácter preceptivo pero no vinculante, del Consejo de Estado u órgano consultivo de la correspondiente Comunidad Autónoma, según que el ámbito territorial al que pertenezcan las Corporaciones locales corresponda a varias o a una Comunidad Autónoma. En las Comunidades Autónomas que no dispongan de órgano consultivo, el dictamen corresponderá al Consejo de Estado.

4. Las asociaciones de entidades locales podrán asistir a los entes locales legitimados a fin de facilitarles el cumplimiento de los requisitos establecidos en el procedimiento de tramitación del presente conflicto.

75 quater. [309] 1. La solicitud de los dictámenes a que se refiere el artículo anterior deberá formalizarse dentro de los tres meses siguientes al día de la publicación de la Ley que se entienda lesiona la autonomía local.

2. Dentro del mes siguiente a la recepción del dictamen del Consejo de Estado o del órgano consultivo de la correspondiente Comunidad Autónoma, los municipios o provincias legitimados podrán plantear el conflicto ante el Tribunal Constitucional, acreditando el cumplimiento de los requisitos exigidos en el artículo anterior y alegándose los fundamentos jurídicos en que se apoya.

75 quinquies. [310] 1. Planteado el conflicto, el Tribunal podrá acordar, mediante auto motivado, la inadmisión del mismo por falta de legitimación u otros requisitos exigibles y no subsanables o cuando estuviere notoriamente infundada la controversia suscitada.

2. Admitido a trámite el conflicto, en el término de diez días, el Tribunal dará traslado del mismo a los órganos legislativo y ejecutivo de la Comunidad Autónoma de quien hubiese emanado la Ley, y en todo caso a los órganos legislativo y ejecutivo del Estado. La personación y la formulación de alegaciones deberán realizarse en el plazo de veinte días.

3. El planteamiento del conflicto será notificado a los interesados y publicado en el correspondiente Diario Oficial por el propio Tribunal.

---

[309] Añadido por art. único apartado 5 de Ley Orgánica 7/1999 de 21 de abril de 1999, con vigencia desde 12/05/1999

[310] Añadido por art. único apartado 5 de Ley Orgánica 7/1999 de 21 de abril de 1999, con vigencia desde 12/05/1999

4. El Tribunal podrá solicitar de las partes cuantas informaciones, aclaraciones o precisiones juzgue necesarias para su decisión y resolverá dentro de los quince días siguientes al término del plazo de alegaciones o del que, en su caso, se fijare para las informaciones, aclaraciones o precisiones complementarias antes aludidas.

5. La sentencia declarará si existe o no vulneración de la autonomía local constitucionalmente garantizada, determinando, según proceda, la titularidad o atribución de la competencia controvertida, y resolverá, en su caso, lo que procediere sobre las situaciones de hecho o de derecho creadas en lesión de la autonomía local.

6. La declaración, en su caso, de inconstitucionalidad de la Ley que haya dado lugar al conflicto requerirá nueva sentencia si el Pleno decide plantearse la cuestión tras la resolución del conflicto declarando que ha habido vulneración de la autonomía local. La cuestión se sustanciará por el procedimiento establecido en los arts. 37 y concordantes y tendrá los efectos ordinarios previstos en los arts. 38 y siguientes.

TÍTULO V
De la impugnación de disposiciones sin fuerza de Ley y resoluciones de las Comunidades Autónomas prevista en el artículo 161.2 de la Constitución

76. Dentro de los dos meses siguientes a la fecha de su publicación o, en defecto de la misma, desde que llegare a su conocimiento, el Gobierno podrá impugnar ante el Tribunal Constitucional las disposiciones normativas sin fuerza de Ley y resoluciones emanadas de cualquier órgano de las Comunidades autónomas [311] .

77. La impugnación regulada en este Título, sea cual fuere el motivo en que se base, se formulará y sustanciará por el procedimiento previsto en los arts. 62 a 67 de esta Ley. La formulación de la impugnación comunicada por el Tribunal producirá la suspensión de la disposición o resolución recurrida hasta que el Tribunal resuelva

---

[311] Véanse arts. 153.c) y 161.2 CE y arts. 2.1 f) y 62 a 67 LOTC

ratificarla o levantarla en plazo no superior a cinco meses, salvo que, con anterioridad, hubiera dictado sentencia [312].

TÍTULO VI
De la declaración sobre la constitucionalidad de los tratados internacionales [313]

CAPÍTULO PRIMERO
Declaración sobre la constitucionalidad de los tratados internacionales (Derogado) [314]

78. 1. El Gobierno o cualquiera de ambas Cámaras podrán requerir al Tribunal Constitucional para que se pronuncie sobre la existencia o inexistencia de contradicción entre la Constitución y las estipulaciones de un tratado internacional cuyo texto estuviera ya definitivamente fijado, pero al que no se hubiere prestado aún el consentimiento del Estado.

2. Recibido el requerimiento, el Tribunal Constitucional emplazará al solicitante y a los restantes órganos legitimados, según lo previsto en el apartado anterior, a fin de que, en el término de un mes, expresen su opinión fundada sobre la cuestión. Dentro del mes siguiente al transcurso de este plazo y salvo lo dispuesto en el apartado siguiente, el Tribunal Constitucional emitirá su declaración, que, de acuerdo con lo establecido en el art. 95 de la Constitución, tendrá carácter vinculante.

3. En cualquier momento podrá el Tribunal Constitucional solicitar de los órganos mencionados en el apartado anterior o de otras personas físicas o jurídicas u otros órganos del Estado o de las Comunidades autónomas, cuantas aclaraciones, ampliaciones o precisiones estimen necesarias, alargando el plazo de un mes antes citado en el mismo

[312] Véanse arts. 153 c) y 161.2 CE y arts. 62 a 67 LOTC

[313] Dada nueva redacción por art. único apartado 3 de Ley Orgánica 4/1985 de 7 de junio de 1985, con vigencia desde 08/06/1985

[314] Suprimido por art. único apartado 3 de Ley Orgánica 4/1985 de 7 de junio de 1985, con vigencia desde 08/06/1985

tiempo que hubiese concedido para responder a sus consultas, que no podrá exceder de treinta días [315] .

CAPÍTULO II
Del recurso previo de inconstitucionalidad contra proyectos de Estatutos de Autonomía y de Leyes Orgánicas (Derogado) [316]

TÍTULO VI BIS
Del recurso previo de inconstitucionalidad contra proyectos de Estatutos de Autonomía y contra Propuestas de reforma de Estatutos de Autonomía [317]

79. [318] 1. Son susceptibles de recurso de inconstitucionalidad, con carácter previo, los Proyectos de Estatutos de Autonomía y las propuestas de reforma de los mismos.

2. El recurso tendrá por objeto la impugnación del texto definitivo del Proyecto de Estatuto o de la Propuesta de Reforma de un Estatuto, una vez aprobado por las Cortes Generales.

3. Están legitimados para interponer el recurso previo de inconstitucionalidad quienes, de acuerdo con la Constitución y con esta Ley Orgánica, están legitimados para interponer recursos de inconstitucionalidad contra Estatutos de Autonomía.

4. El plazo para la interposición del recurso será de tres días desde la publicación del texto aprobado en el «Boletín Oficial de las Cortes Generales». La interposición del recurso suspenderá automáticamente todos los trámites subsiguientes.

5. Cuando la aprobación del Proyecto de Estatuto o de la Propuesta de reforma haya de ser sometida a referéndum en el territorio de

[315] Véanse art. 95.2 CE; art. 157 Reglamento del Congreso y arts. 147 y 185 Reglamento del Senado

[316] Derogado por art. único apartado 2 de Ley Orgánica 4/1985 de 7 de junio de 1985, con vigencia desde 08/06/1985

[317] Añadido por art. único apartado 3 de Ley Orgánica 12/2015 de 22 de septiembre de 2015, con vigencia desde 24/09/2015

[318] Añadido por art. único apartado 3 de Ley Orgánica 12/2015 de 22 de septiembre de 2015, con vigencia desde 24/09/2015

la respectiva Comunidad Autónoma, el mismo no podrá convocarse hasta que haya resuelto el Tribunal Constitucional y, en su caso, se hayan suprimido o modificado por las Cortes Generales los preceptos declarados inconstitucionales.

6. El recurso previo de inconstitucionalidad se sustanciará en la forma prevista en el capítulo II del título II de esta Ley y deberá ser resuelto por el Tribunal Constitucional en el plazo improrrogable de seis meses desde su interposición. El Tribunal dispondrá lo necesario para dar cumplimiento efectivo a esta previsión, reduciendo los plazos ordinarios y dando en todo caso preferencia a la resolución de estos recursos sobre el resto de asuntos en tramitación.

7. Cuando el pronunciamiento del Tribunal declare la inexistencia de la inconstitucionalidad alegada, seguirán su curso los trámites conducentes a su entrada en vigor, incluido, en su caso, el correspondiente procedimiento de convocatoria y celebración de referéndum.

8. Si, por el contrario, declara la inconstitucionalidad del texto impugnado, deberá concretar los preceptos a los que alcanza, aquellos que por conexión o consecuencia quedan afectados por tal declaración y el precepto o preceptos constitucionales infringidos. En este supuesto, la tramitación no podrá proseguir sin que tales preceptos hayan sido suprimidos o modificados por las Cortes Generales.

9. El pronunciamiento en el recurso previo no prejuzga la decisión del Tribunal en los recursos o cuestiones de inconstitucionalidad que pudieren interponerse tras la entrada en vigor con fuerza de ley del texto impugnado en la vía previa.

TÍTULO VII
De las disposiciones comunes sobre procedimiento

80. [319] Se aplicarán, con carácter supletorio de la presente Ley, los preceptos de la Ley Orgánica del Poder Judicial y de la Ley de Enjuiciamiento Civil, en materia de comparecencia en juicio, recusación y abstención, publicidad y forma de los actos, comunicaciones y actos de auxilio jurisdiccional, día y horas hábiles, cómputo de plazos,

---

[319] Dada nueva redacción por art. único apartado 1 de Ley Orgánica 15/2015 de 16 de octubre de 2015, con vigencia desde 17/10/2015

deliberación y votación, caducidad, renuncia y desistimiento, lengua oficial y policía de estrados.

En materia de ejecución de resoluciones se aplicará, con carácter supletorio de la presente Ley, los preceptos de la Ley de la Jurisdicción Contencioso-administrativa.

81. 1. Las personas físicas o jurídicas cuyo interés les legitime para comparecer en los procesos constitucionales, como actores o coadyuvantes, deberán conferir su representación a un Procurador y actuar bajo la dirección de Letrado. Podrán comparecer por sí mismas, para defender derechos o intereses propios, las personas que tengan título de Licenciado en Derecho, aunque no ejerzan la profesión de Procurador o de Abogado.

2. Para ejercer ante el Tribunal Constitucional en calidad de Abogado, se requerirá estar incorporado a cualquiera de los Colegios de Abogados de España en calidad de ejerciente.

3. Estarán inhabilitados para actuar como Abogados ante el Tribunal Constitucional quienes hubieren sido Magistrados o Letrados del mismo [320].

82. 1. Los órganos o el conjunto de Diputados o Senadores investidos por la Constitución y por esta Ley de legitimación para promover procesos constitucionales actuarán en los mismos representados por el miembro o miembros que designen o por un comisionado nombrado al efecto.

2. Los órganos ejecutivos, tanto del Estado como de las Comunidades autónomas, serán representados y defendidos por sus Abogados. Por los órganos ejecutivos del Estado actuará el Abogado del Estado [321].

---

[320] Véanse arts. 50, 82 y 85 LOTC; arts. 436 a 438 y 447 LOPJ; arts. 4 a 35 LEC; arts. 118, 277 y 384 LECrim.; arts. 9 a 24 LRJCA; art. 83 RD 434/2024 de 30 abril, por el que se aprueba el arancel de derechos de los profesionales de la Procura y Estatuto General de la Abogacía Española

[321] Véanse art. 162.1 a) CE; arts. 32, 55, 59, 60, 73 y 81 LOTC; art. 447 LOPJ y RD 997/2003, de 25 de julio, por el que se aprueba el Reglamento del Servicio Jurídico del Estado

83. El Tribunal podrá a instancia de parte o de oficio, en cualquier momento, y previa audiencia de los comparecidos en el proceso constitucional, disponer la acumulación de aquellos procesos con objetos conexos que justifiquen la unidad de tramitación y decisión. La audiencia se hará por plazo que no exceda de diez días [322].

84. El Tribunal, en cualquier tiempo anterior a la decisión, podrá comunicar a los comparecidos en el proceso constitucional la eventual existencia de otros motivos distintos de los alegados, con relevancia para acordar lo procedente sobre la admisión o inadmisión y, en su caso, sobre la estimación o desestimación de la pretensión constitucional. La audiencia será común, por plazo no superior al de diez días con suspensión del término para dictar la resolución que procediere [323].

85. 1. La iniciación de un proceso constitucional deberá hacerse por escrito fundado en el que se fijará con precisión y claridad lo que se pida.

2. Los escritos de iniciación del proceso se presentarán en la sede del Tribunal Constitucional dentro del plazo legalmente establecido. Los recursos de amparo podrán también presentarse hasta las 15 horas del día hábil siguiente al del vencimiento del plazo de interposición, en el registro del Tribunal Constitucional, o en la oficina o servicio de registro central de los tribunales civiles de cualquier localidad, de conformidad con lo establecido en el art. 135.1 de la Ley 1/2000, de 7 de enero, de Enjuiciamiento Civil.

El Tribunal determinará reglamentariamente las condiciones de empleo, a los efectos anteriores, de cualesquiera medios técnicos, electrónicos, informáticos o telemáticos. [324]

---

[322] Véanse arts. 71 y 97 LEC y arts. 34 a 39 LRJCA

[323] Véanse art. 24.1 CE; art. 39.2 LOTC; art. 733 LECrim. y art. 33.2 LRJCA

[324] Dada nueva redacción apartado 2 por art. único apartado 24 de Ley Orgánica 6/2007 de 24 de mayo de 2007, con vigencia desde 26/05/2007

3. El Pleno o las Salas podrán acordar la celebración de vista oral [325] . [326]

86. 1. La decisión del proceso constitucional se producirá en forma de sentencia. Sin embargo, las decisiones de inadmisión inicial, desistimiento y caducidad adoptarán la forma de auto salvo que la presente Ley disponga expresamente otra forma. Las otras resoluciones adoptarán la forma de auto si son motivadas o de providencia si no lo son, según la índole de su contenido. [327]

2. Las sentencias y las declaraciones a que se refiere el Título VI se publicarán en el "Boletín Oficial del Estado" dentro de los 30 días siguientes a la fecha del fallo. También podrá el Tribunal ordenar la publicación de sus autos en la misma forma cuando así lo estime conveniente. [328]

3. Sin perjuicio en lo dispuesto en el apartado anterior, el Tribunal podrá disponer que las sentencias y demás resoluciones dictadas sean objeto de publicación a través de otros medios, y adoptará, en su caso, las medidas que estime pertinentes para la protección de los derechos reconocidos en el art. 18.4 de la Constitución [329] . [330]

87. [331] 1. Todos los poderes públicos están obligados al cumplimiento de lo que el Tribunal Constitucional resuelva.

En particular, el Tribunal Constitucional podrá acordar la notificación personal de sus resoluciones a cualquier autoridad o empleado público que se considere necesario.

---

[325] Véanse arts. 48 y 49 LOTC; arts. 45 a 48 LRJCA y arts. 135 y 136 LEC

[326] Añadido apartado 3 por art. único apartado 24 de Ley Orgánica 6/2007 de 24 de mayo de 2007, con vigencia desde 26/05/2007

[327] Dada nueva redacción apartado 1 por art. 2 de Ley Orgánica 6/1988 de 9 de junio de 1988, con vigencia desde 12/06/1988

[328] Dada nueva redacción apartado 2 por art. único apartado 25 de Ley Orgánica 6/2007 de 24 de mayo de 2007, con vigencia desde 26/05/2007

[329] Véanse art. 164 CE; arts. 38 a 40 y 90.2 LOTC; arts. 244 a 248 y 266.1 LOPJ y art. 369 LEC

[330] Añadido apartado 3 por art. único apartado 25 de Ley Orgánica 6/2007 de 24 de mayo de 2007, con vigencia desde 26/05/2007

[331] Dada nueva redacción por art. único apartado 2 de Ley Orgánica 15/2015 de 16 de octubre de 2015, con vigencia desde 17/10/2015

2. Los Juzgados y Tribunales prestarán con carácter preferente y urgente al Tribunal Constitucional el auxilio jurisdiccional que éste solicite.

A estos efectos, las sentencias y resoluciones del Tribunal Constitucional tendrán la consideración de títulos ejecutivos. [332]

88. 1. El Tribunal Constitucional podrá recabar de los poderes públicos y de los órganos de cualquier Administración Pública la remisión del expediente y de los informes y documentos relativos a la disposición o acto origen del proceso constitucional. Si el recurso hubiera sido ya admitido, el Tribunal habilitará un plazo para que el expediente, la información o los documentos puedan ser conocidos por las partes para que éstas aleguen lo que a su derecho convenga. [333]

2. El Tribunal dispondrá las medidas necesarias para preservar el secreto que legalmente afecte a determinada documentación y el que por decisión motivada acuerde para determinadas actuaciones [334].

89. 1. El Tribunal, de oficio o a instancia de parte, podrá acordar la práctica de prueba cuando lo estimare necesario y resolverá libremente sobre la forma y el tiempo de su realización, sin que en ningún caso pueda exceder de treinta días.

2. Si un testigo, citado por el Tribunal, sólo puede comparecer con autorización superior, la autoridad competente para otorgarla expondrá al Tribunal, en su caso, las razones que justifican su denegación. El Tribunal, oído este informe, resolverá en definitiva [335].

90. 1. Salvo en los casos para los que esta Ley establece otros requisitos, las decisiones se adoptarán por la mayoría de los miembros del Pleno, Sala o Sección que participen en la deliberación. En caso de empate, decidirá el voto del Presidente.

---

[332] Véanse art. 164 CE; arts. 40.2, 55.1 b) y 92 LOTC y arts. 5.1 y 273 a 279 LOPJ

[333] Dada nueva redacción apartado 1 por art. único apartado 26 de Ley Orgánica 6/2007 de 24 de mayo de 2007, con vigencia desde 26/05/2007

[334] Véanse arts. 50, 51, 52 y 89 LOTC

[335] Véanse arts. 44.1 b) y 88 LOTC

2. El Presidente y los Magistrados del Tribunal podrán reflejar en voto particular su opinión discrepante, siempre que haya sido defendida en la deliberación, tanto por lo que se refiere a la decisión como a la fundamentación. Los votos particulares se incorporarán a la resolución y cuando se trate de sentencias, autos o declaraciones se publicarán con éstas en el «Boletín Oficial del Estado» [336]. [337]

91. El Tribunal podrá suspender el procedimiento que se sigue ante el mismo hasta la resolución de un proceso penal pendiente ante un Juzgado o Tribunal de este orden [338].

92. [339] 1. El Tribunal Constitucional velará por el cumplimiento efectivo de sus resoluciones. Podrá disponer en la sentencia, o en la resolución, o en actos posteriores, quién ha de ejecutarla, las medidas de ejecución necesarias y, en su caso, resolver las incidencias de la ejecución.

Podrá también declarar la nulidad de cualesquiera resoluciones que contravengan las dictadas en el ejercicio de su jurisdicción, con ocasión de la ejecución de éstas, previa audiencia del Ministerio Fiscal y del órgano que las dictó.

2. El Tribunal podrá recabar el auxilio de cualquiera de las administraciones y poderes públicos para garantizar la efectividad de sus resoluciones que lo prestarán con carácter preferente y urgente [340].

3. Las partes podrán promover el incidente de ejecución previsto en el apartado 1, para proponer al Tribunal las medidas de ejecución necesarias para garantizar el cumplimiento efectivo de sus resoluciones.

4. En caso de advertirse que una resolución dictada en el ejercicio de su jurisdicción pudiera estar siendo incumplida, el Tribunal, de oficio o a instancia de alguna de las partes del proceso en que hubiera

[336] Véanse art. 164 CE; arts. 9.1, 23.2 y 24 LOTC; art. 11 Reglamento de Organización y Personal del Tribunal Constitucional y arts. 260 a 267 LOPJ

[337] Dada nueva redacción apartado 2 por art. único apartado 27 de Ley Orgánica 6/2007 de 24 de mayo de 2007, con vigencia desde 26/05/2007

[338] Véanse art. 3 LOTC; art. 114 LECrim.; arts. 362 y 514 LEC y art. 10 LOPJ

[339] Dada nueva redacción por art. único apartado 3 de Ley Orgánica 15/2015 de 16 de octubre de 2015, con vigencia desde 17/10/2015

[340] Véase art. 87 de la presente Ley

recaído, requerirá a las instituciones, autoridades, empleados públicos o particulares a quienes corresponda llevar a cabo su cumplimiento para que en el plazo que se les fije informen al respecto.

Recibido el informe o transcurrido el plazo fijado, si el Tribunal apreciase el incumplimiento total o parcial de su resolución, podrá adoptar cualesquiera de las medidas siguientes:

a) Imponer multa coercitiva de tres mil a treinta mil euros a las autoridades, empleados públicos o particulares que incumplieren las resoluciones del Tribunal, pudiendo reiterar la multa hasta el cumplimiento íntegro de lo mandado.

b) Acordar la suspensión en sus funciones de las autoridades o empleados públicos de la Administración responsable del incumplimiento, durante el tiempo preciso para asegurar la observancia de los pronunciamientos del Tribunal.

c) La ejecución sustitutoria de las resoluciones recaídas en los procesos constitucionales. En este caso, el Tribunal podrá requerir la colaboración del Gobierno de la Nación a fin de que, en los términos fijados por el Tribunal, adopte las medidas necesarias para asegurar el cumplimiento de las resoluciones.

d) Deducir el oportuno testimonio de particulares para exigir la responsabilidad penal que pudiera corresponder.

5. Si se tratara de la ejecución de las resoluciones que acuerden la suspensión de las disposiciones, actos o actuaciones impugnadas y concurrieran circunstancias de especial transcendencia constitucional, el Tribunal, de oficio o a instancia del Gobierno, adoptará las medidas necesarias para asegurar su debido cumplimiento sin oír a las partes. En la misma resolución dará audiencia a las partes y al Ministerio Fiscal por plazo común de tres días, tras el cual el Tribunal dictará resolución levantando, confirmando o modificando las medidas previamente adoptadas.

93. 1. Contra las sentencias del Tribunal Constitucional no cabe recurso alguno, pero en el plazo de dos días a contar desde su notificación, las partes podrán solicitar la aclaración de las mismas.

2. Contra las providencias y los autos que dicte el Tribunal Constitucional sólo procederá, en su caso, el recurso de súplica, que no tendrá efecto suspensivo. El recurso podrá interponerse en el plazo de

tres días y se resolverá, previa audiencia común de las partes por igual tiempo, en los dos siguientes [341].

94. El Tribunal, a instancia de parte o de oficio, deberá antes de pronunciar sentencia, subsanar o convalidar los defectos que hubieran podido producirse en el procedimiento [342].

95. 1. El procedimiento ante el Tribunal Constitucional es gratuito. [343]

2. El Tribunal podrá imponer las costas que se derivaren de la tramitación del proceso a la parte o partes que hayan mantenido posiciones infundadas, si apreciare temeridad o mala fe.

3. El Tribunal podrá imponer a quien formulase recursos de inconstitucionalidad o de amparo, con temeridad o abuso de derecho, una sanción pecuniaria de 600 a 3.000 euros. [344]

4. Los límites de la cuantía de estas sanciones o de las multas previstas en la letra a) del apartado 4 del artículo 92 podrán ser revisados, en todo momento, mediante ley ordinaria. [345]

TÍTULO VIII
Del personal al servicio del Tribunal Constitucional

96. 1. Son funcionarios al servicio del Tribunal Constitucional:
a) El Secretario General.
b) Los letrados.
c) Los secretarios de justicia.

---

[341] Véanse arts. 50.3 y 86 LOTC y arts. 267 y 277.1 LOPJ

[342] Véanse arts. 49.1, 52 y 84 CE

[343] Véanse arts. 14, 24, 117 y 119 CE y Acuerdo de 18 de julio de 1996, sobre asistencia jurídica gratuita en los procesos de amparo constitucional

[344] Dada nueva redacción apartado 3 por art. único apartado 29 de Ley Orgánica 6/2007 de 24 de mayo de 2007, con vigencia desde 26/05/2007

[345] Renumerado apartado 5 por art. único apartado 4 de Ley Orgánica 15/2015 de 16 de octubre de 2015 como ap.4, dando nueva redacción, con vigencia desde 17/10/2015

d) Los demás funcionarios que sean adscritos al Tribunal Constitucional. [346]

2. Este personal se rige por lo establecido en esta Ley y en el Reglamento que en su desarrollo se dicte y con carácter supletorio, en lo que sea aplicable por la legislación vigente para el personal al servicio de la Administración de Justicia.

3. Los cargos y funciones relacionados en este artículo son incompatibles con cualquier otra función, destino o cargo, así como con el ejercicio profesional y con la intervención en actividades industriales, mercantiles o profesionales, incluso las consultivas y las de asesoramiento. No obstante, podrán ejercer aquellas funciones docentes o de investigación que, a juicio del Tribunal, no resulten incompatibles con el mejor servicio de éste [347] . [348]

97. [349] 1. El Tribunal Constitucional estará asistido por letrados que podrán ser seleccionados mediante concurso-oposición entre funcionarios públicos que hayan accedido a un cuerpo o escala del grupo A en su condición de licenciados en derecho, de acuerdo con el reglamento del Tribunal, o ser libremente designados en régimen de adscripción temporal, por el mismo Tribunal, en las condiciones que establezca el reglamento, entre abogados, profesores de universidad, magistrados, fiscales o funcionarios públicos que hayan accedido a un cuerpo o escala del grupo A en su condición de Licenciados en Derecho. Los nombrados quedarán en su carrera de origen en situación de servicios especiales por todo el tiempo en que presten sus servicios en el Tribunal Constitucional.

---

[346] Dada nueva redacción apartado 1 por art. único apartado 30 de Ley Orgánica 6/2007 de 24 de mayo de 2007, con vigencia desde 26/05/2007

[347] Véanse LO 1/1985, de 18 de enero, de incompatibilidad del personal al servicio del TC, CGPJ, Tribunal de Cuentas, Administración de Justicia y de Consejo de Estado y de componentes del Poder Judicial; arts. 43 a 97 Reglamento de Organización y Personal del Tribunal Constitucional y arts. 97 a 100 y disp. adic. 1ª LOTC

[348] Dada nueva redacción apartado 3 por art. único apartado 30 de Ley Orgánica 6/2007 de 24 de mayo de 2007, con vigencia desde 26/05/2007

[349] Dada nueva redacción por art. único apartado 31 de Ley Orgánica 6/2007 de 24 de mayo de 2007, con vigencia desde 26/05/2007

2. Durante los tres años inmediatamente posteriores al cese en sus funciones, los letrados tendrán la incompatibilidad a que se refiere el art. 81.3 [350].

98. [351] El Tribunal Constitucional tendrá un Secretario General elegido por el Pleno y nombrado por el Presidente entre los letrados, cuya jefatura ejercerá sin perjuicio de las facultades que corresponden al Presidente, al Tribunal y a las Salas [352].

99. [353] 1. Corresponde también al Secretario General, bajo la autoridad e instrucciones del Presidente:

a) La dirección y coordinación de los servicios del Tribunal y la jefatura de su personal.

b) La recopilación, clasificación y publicación de la doctrina constitucional del Tribunal.

c) La preparación, ejecución y liquidación de presupuesto, asistido por el personal técnico.

d) Las demás funciones que le atribuya el reglamento del Tribunal.

2. Las normas propias del Tribunal podrán prever supuestos de delegación de competencias administrativas del Presidente en el Secretario General. Del mismo modo podrá preverse la delegación de competencias propias del Secretario General.

3. Contra las resoluciones del Secretario General podrá interponerse recurso de alzada ante el Presidente, cuya decisión agotará la vía

---

[350] Véanse arts. 65 a 97 Reglamento de Organización y Personal del Tribunal Constitucional; art. 29 c) Ley 30/1984, de 2 de agosto, de medidas para la reforma de la función pública; art. 351 LOPJ y arts. 21 y 29 Ley 22/1993, de 29 de diciembre, de medidas fiscales de reforma del régimen jurídico de la función pública y de la protección por desempleo

[351] Dada nueva redacción por art. único apartado 32 de Ley Orgánica 6/2007 de 24 de mayo de 2007, con vigencia desde 26/05/2007

[352] Véanse arts. 24 a 27 Reglamento de Organización y Personal del Tribunal Constitucional

[353] Dada nueva redacción por art. único apartado 33 de Ley Orgánica 6/2007 de 24 de mayo de 2007, con vigencia desde 26/05/2007

administrativa. Esta decisión será susceptible de ulterior recurso contencioso-administrativo [354] .

100. [355] El Tribunal tendrá el número de secretarios de justicia que determine su plantilla. Los secretarios de justicia procederán del Cuerpo de Secretarios Judiciales y las vacantes se cubrirán por concurso de méritos entre quienes pudieran ocupar plaza en el Tribunal Supremo [356] .

101. Los Secretarios de Justicia ejercerán en el Tribunal o en las Salas la fe pública judicial y desempeñarán, respecto del Tribunal o Sala a la que estén adscritos, las funciones que la legislación orgánica y procesal de los Juzgados y Tribunales atribuye a los Secretarios [357] .

102. [358] El Tribunal Constitucional adscribirá a su servicio el personal de la Administración de Justicia y demás funcionarios en las condiciones que fije su reglamento. Podrá, asimismo, contratar personal en régimen laboral para el desempeño de puestos que no impliquen participación directa ni indirecta en el ejercicio de las atribuciones del Tribunal Constitucional, y cuyas funciones sean propias de oficios, auxiliares de carácter instrumental o de apoyo administrativo. La contratación de este personal laboral se realizará mediante procesos de selección ajustados a los principios de igualdad, mérito y capacidad [359] .

---

[354] Véanse arts. 27 a 29 Reglamento de Organización y Personal del Tribunal Constitucional y arts. 107 a 119 Ley 30/1992, de 26 de noviembre, de Régimen Jurídico de las Administraciones Públicas y del Procedimiento administrativo Común

[355] Dada nueva redacción por art. único apartado 34 de Ley Orgánica 6/2007 de 24 de mayo de 2007, con vigencia desde 26/05/2007

[356] Véanse arts. 472 a 483 LOPJ y art. 45 Reglamento de Organización y Personal del Tribunal Constitucional

[357] Véanse arts. 279 a 291 LOPJ y Reglamento Orgánico del Cuerpo de Secretarios Judiciales

[358] Dada nueva redacción por art. único apartado 35 de Ley Orgánica 6/2007 de 24 de mayo de 2007, con vigencia desde 26/05/2007

[359] Véanse art. 46 Reglamento de Organización y Personal del Tribunal Constitucional y RD 1451/2005, de 7 de diciembre, por el que se aprueba el Reglamento

DISPOSICIONES TRANSITORIAS

Disposición Transitoria Primera. 1. Dentro de los tres meses siguientes a la fecha de la entrada en vigor de la presente Ley, el Congreso de los Diputados, el Senado, el Gobierno y el Consejo General del Poder Judicial elevarán al Rey las propuestas de designación de los Magistrados del Tribunal Constitucional. Este plazo se interrumpirá para las Cámaras por el tiempo correspondiente a los períodos intersesiones.

2. El Tribunal se constituirá dentro de los quince días siguientes a la fecha de publicación de los últimos nombramientos, si todas las propuestas se elevasen dentro del mismo período de sesiones. En otro caso se constituirá y comenzará a ejercer sus competencias, en los quince días siguientes, al término del período de sesiones dentro del que se hubiesen efectuado los ocho primeros nombramientos, cualquiera que sea la razón que motive la falta de nombramiento de la totalidad de los Magistrados previstos en el art. 5 de esta Ley.

3. En el primer concurso-oposición la selección de los Letrados del Tribunal Constitucional se realizará por una Comisión del propio Tribunal designada por el Pleno de éste y presidida por el Presidente del Tribunal.

Disposición Transitoria Segunda. 1. Los plazos previstos en esta Ley para interponer el recurso de inconstitucionalidad o de amparo o promover un conflicto constitucional comenzarán a contarse desde el día en que quede constituido el Tribunal de acuerdo con la disposición transitoria anterior, cuando las Leyes, disposiciones, resoluciones o actos que originen el recurso o conflicto fueran anteriores a aquella fecha y no hubieran agotado sus efectos.

2. En tanto no sean desarrolladas las previsiones del art. 53.2 de la Constitución para configurar el procedimiento judicial de protección de los derechos y libertades fundamentales se entenderá que la vía judicial previa a la interposición del recurso de amparo será la contencioso-administrativa ordinaria o la configurada en la Sección 2ª de la Ley 62/1978, de 26 de diciembre, sobre protección jurisdiccional de

---

de Ingreso, Provisión de Puestos de Trabajo y Promoción Profesional del Personal Funcionario al Servicio de la Administración de Justicia

los derechos fundamentales, a cuyos efectos el ámbito de la misma se entiende extendido a todos los derechos y libertades a que se refiere el expresado art. 53.2 de la Constitución [360].

Disposición Transitoria Tercera. 1. Los sorteos a que se refiere la disposición transitoria 9ª de la Constitución se efectuarán dentro del cuarto mes anterior a la fecha en que se cumplen, respectivamente, los tres o los seis años de aquella otra en que se produjo la inicial designación de los Magistrados de Tribunal Constitucional.

2. No será aplicable la limitación establecida en el art. 16.2 de esta Ley a los Magistrados del Tribunal que cesarán en sus cargos, en virtud de lo establecido en la disposición transistoria 9ª de la Constitución, a los tres años de su designación [361].

Disposición Transitoria Cuarta. El Gobierno habilitará los créditos necesarios para el funcionamiento del Tribunal Constitucional hasta que éste disponga de presupuesto propio.

Disposición Transitoria Quinta. En el caso de Navarra, y salvo que de conformidad con la disposición transitoria 4ª de la Constitución ejerciera su derecho a incorporarse al Consejo General Vasco o al régimen autonómico vasco que le sustituya, la legitimación para suscitar los conflictos previstos en el art. 2.1 c) y para promover el recurso de inconstitucionalidad que el art. 32 confiere a los órganos de las Comunidades autónomas se entenderá conferida a la Diputación y al Parlamento Foral de Navarra [362].

---

[360] Véanse art. 53.2 CE y Acuerdo del Tribunal Constitucional de 14 de julio de 1980 por el que se fija la fecha en que comenzará a ejercer sus competencias

[361] Véanse disp. trans. 9ª CE y art. 16.2 LOTC

[362] Véanse disp. trans. 4ª CE; art. 32 LOTC y art. 36 LO 13/1982, de 10 de agosto, de Reintegración y Amejoramiento del Régimen Foral de Navarra

DISPOSICIONES ADICIONALES

Disposición Adicional Primera. [363] 1. El número de letrados seleccionados mediante concurso-oposición a los que se refiere el art. 97.1 no podrá exceder de 16.

2. La plantilla del personal del Tribunal Constitucional sólo podrá ser modificada a través de la Ley de Presupuestos Generales del Estado [364].

Disposición Adicional Segunda. 1. El Tribunal elaborará su presupuesto, que figurará como una sección dentro de los Presupuestos Generales del Estado.

2. El Secretario general, asistido de personal técnico, asumirá la preparación, ejecución y liquidación del presupuesto [365].

Disposición Adicional Tercera. [366] 1. Las referencias a las provincias contenidas en esta Ley se entenderán realizadas a las islas en las Comunidades Autónomas de las Illes Balears y Canarias.

2. Además de los sujetos legitimados de acuerdo con el art. 75 ter 1 lo estarán también, frente a leyes y disposiciones normativas con rango de Ley de la Comunidad Autónoma de Canarias, tres Cabildos, y de la Comunidad Autónoma de las Illes Balears, dos Consejos Insulares, aun cuando en ambos casos no se alcance el porcentaje de población exigido en dicho precepto [367].

Disposición Adicional Cuarta. [368] 1. Los conflictos de competencia que se puedan suscitar entre las instituciones de la Comunidad

---

[363] Dada nueva redacción por art. único apartado 36 de Ley Orgánica 6/2007 de 24 de mayo de 2007, con vigencia desde 26/05/2007

[364] Véanse arts. 96 a 100 LOTC

[365] Véanse arts. 1, 27 y 39 Reglamento de Organización y Personal del Tribunal Constitucional

[366] Añadida por art. único apartado 6 de Ley Orgánica 7/1999 de 21 de abril de 1999, con vigencia desde 12/05/1999

[367] Véanse art. 75 ter 1 LOTC

[368] Añadida por art. único apartado 6 de Ley Orgánica 7/1999 de 21 de abril de 1999, con vigencia desde 12/05/1999

Autónoma del País Vasco y las de cada uno de sus Territorios Históricos se regirán por lo dispuesto en el art. 39 de su Estatuto de Autonomía.

2. En el ámbito de la Comunidad Autónoma del País Vasco, además de los sujetos legitimados a que se refiere el art. 75 ter.1, lo estarán también, a los efectos de los conflictos regulados en el art. 75 bis de esta Ley, las correspondientes Juntas Generales y las Diputaciones Forales de cada Territorio Histórico, cuando el ámbito de aplicación de la Ley afecte directamente a dicha Comunidad Autónoma [369].

Disposición Adicional Quinta. [370] [371]

1. Corresponderá al Tribunal Constitucional el conocimiento de los recursos interpuestos contra las Normas Forales fiscales de los Territorios de Álava, Guipúzcoa y Vizcaya, dictadas en el ejercicio de sus competencias exclusivas garantizadas por la disposición adicional primera de la Constitución y reconocidas en el art. 41.2 a) del Estatuto de Autonomía para el País Vasco (Ley Orgánica 3/1979, de 18 de diciembre).

El Tribunal Constitucional resolverá también las cuestiones que se susciten con carácter prejudicial por los órganos jurisdiccionales sobre la validez de las referidas disposiciones, cuando de ella dependa el fallo del litigio principal.

El parámetro de validez de las Normas Forales enjuiciadas se ajustará a lo dispuesto en el artículo veintiocho de esta Ley.

2. La interposición y sus efectos, la legitimación, tramitación y sentencia de los recursos y cuestiones referidos en el apartado anterior, se regirá por lo dispuesto en el Título II de esta Ley para los recursos y cuestiones de inconstitucionalidad respectivamente.

Los trámites regulados en los arts. 34 y 37 se entenderán en su caso con las correspondientes Juntas Generales y Diputaciones Forales.

En la tramitación de los recursos y cuestiones regulados en esta disposición adicional se aplicarán las reglas atributivas de competencia al Pleno y a las Salas de los artículos diez y once de esta Ley.

---

[369] Véanse arts. 75 bis y 75 ter 1 LOTC

[370] Añadida por art. 1 de Ley Orgánica 1/2010 de 19 de febrero de 2010, con vigencia desde 12/03/2010

[371] Declarada la constitucionalidad de esta disposición, desde el 28 julio 2016, conforme a la STC Pleno de 23 junio 2016, interpretada en los términos de su f.j. 3º d)

3. Las normas del Estado con rango de Ley podrán dar lugar al planteamiento de conflictos en defensa de la autonomía foral de los Territorios Históricos de la Comunidad Autónoma del País Vasco, constitucional y estatutariamente garantizada.

Están legitimadas para plantear estos conflictos las Diputaciones Forales y las Juntas Generales de los Territorios Históricos de Álava, Bizkaia y Gipuzkoa, mediante acuerdo adoptado al efecto.

Los referidos conflictos se tramitarán y resolverán con arreglo al procedimiento establecido en los arts. 63 y siguientes de esta Ley [372].

---

[372] Véanse arts. 4, 34, 37, 75 bis y 75 ter LOTC

ÍNDICE ANALÍTICO